How to Win Friends & Influence People

적을 친구로 만들어라

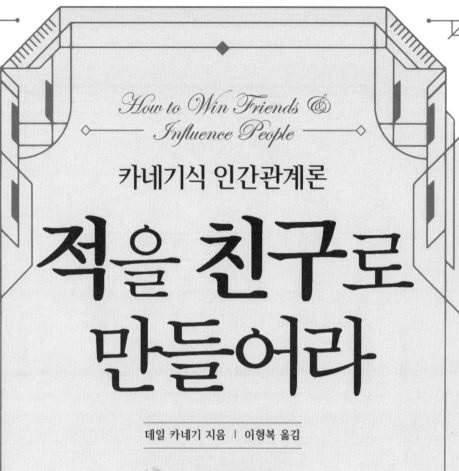

*How to Win Friends &*
*Influence People*

## 카네기식 인간관계론

# 적을 친구로
# 만들어라

데일 카네기 지음 | 이형복 옮김

# 적과 경쟁자를 내편으로 만들어
# 성공하는 31가지 비결

"성공하려면 사람부터 움직여라!"
사람을 움직이면 세상이 따라온다

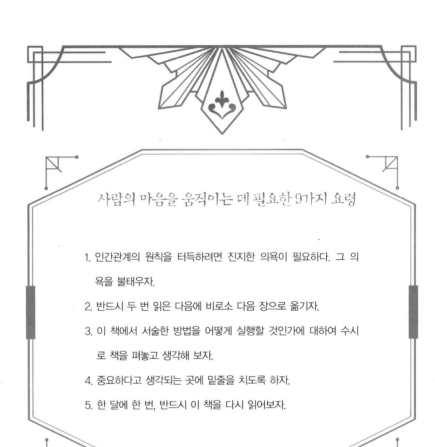

## 사람의 마음을 움직이는 데 필요한 9가지 요령

1. 인간관계의 원칙을 터득하려면 진지한 의욕이 필요하다. 그 의욕을 불태우자.
2. 반드시 두 번 읽은 다음에 비로소 다음 장으로 옮기자.
3. 이 책에서 서술한 방법을 어떻게 실행할 것인가에 대하여 수시로 책을 펴놓고 생각해 보자.
4. 중요하다고 생각되는 곳에 밑줄을 치도록 하자.
5. 한 달에 한 번, 반드시 이 책을 다시 읽어보자.

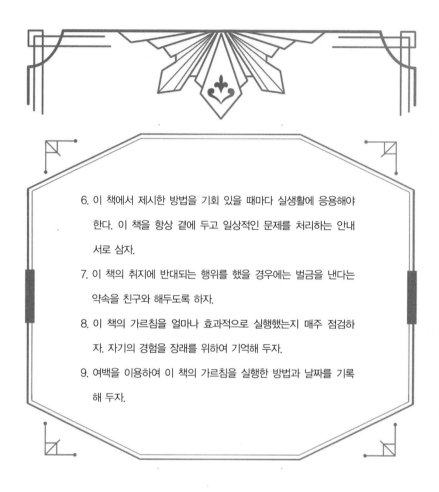

6. 이 책에서 제시한 방법을 기회 있을 때마다 실생활에 응용해야 한다. 이 책을 항상 곁에 두고 일상적인 문제를 처리하는 안내서로 삼자.

7. 이 책의 취지에 반대되는 행위를 했을 경우에는 벌금을 낸다는 약속을 친구와 해두도록 하자.

8. 이 책의 가르침을 얼마나 효과적으로 실행했는지 매주 점검하자. 자기의 경험을 장래를 위하여 기억해 두자.

9. 여백을 이용하여 이 책의 가르침을 실행한 방법과 날짜를 기록해 두자.

사람을 움직이면 세상이 따라온다

# 순간의 선택이 성공의 시간으로 만든다

### 당신이 알아야 할 단 하나가 있다면

사회가 발달하고 생활이 윤택해지는 요즘 현대 사회의 가장 큰 모순 가운데 하나가 우리 눈 앞에서 벌어지고 있다. 톱니바퀴 속에서 맞물려 돌아가는 일상 속에서 우리는 자기의 자리를 찾지 못한 채 방황하고 있다.

이 책은 바로 이런 모순을 해결하고 우리가 이 사회에서 어떤 모습으로 살아가야 하는지에 대한 해결책을 사례를 통해 자세히 제시하고 있다.

저자 데일 카네기는 성인 교육과 인간관계의 성공법칙을 만들어낸 선구자로서 대화술과 인간관계의 연구 분야를 개척했다.

그는 미국 뿐만 아니라 유럽 여러 나라에서 세미나를 통해 인간관계의 성공법칙을 이끌어내는 한편, 웨스팅 하우스 전기 회사 등의 고문으로 일하면서 사원들의 교육에 힘썼다.

카네기는 이러한 지도 강습을 실천하는 데 필요한 책을 다방면으로 찾아보았지만, 인간관계에 필수적인 것들을 발견할 수가 없었다. 그래서 그는 그런 책을 직접 쓰기로 결심하였다.

그는 그 글을 쓰기 위해 신문, 잡지는 물론 재판 기록을 비롯해 심리학과 철학, 그 밖의 인간관계를 다룬 서적들을 수집하였다. 또 한편으로는 프랭클린, 루스벨트, 클라크 케이블 등의 유명한 인사들을 직접 만나 그들의 경험담을 인터뷰했다.

이 책의 내용은 한 번에 쓰여진 것이 아니라 어린아이가 성장하는 것처럼 실험실과 수천 명의 경험 속에서 자라고 발전되어온 내용들이므로 앞으로 우리가 만날 여러 가지 예측할 수 없는 곤란한 상황에서도 얼마든지 대처해 나갈 방법들을 제시하고 있다.

여기에 제시된 원칙은 단순한 이론이나 추측의 산물이 아니다. 이들 원칙은 신통할 만큼 잘 들어 맞는다. 여기에 소개된 원칙들을 적용함으로써 많은 사람의 생활에 혁명이 일어나고 있다.

"우리는 아직 선잠에서 깨어나지 못하고 있다. 우리는 육체적 정신적 역량의 아주 작은 부분 밖에 활용하지 못하고 있다. 넓게 이야기하면 각 개인은 자기의 능력 범위 내에서 살고 있다. 각 사람에게는 아직 발굴되고 사용되지 않은 엄청난 힘이 있는 것이다."

하버드 대학의 윌리엄 제임스 교수가 한 말처럼, 우리 몸과 마음속에 잠재되어 있는 능력을 어떻게 끄집어내느냐는 오로지 우리 자신의 몫이다.

우리네 삶은 '선택'의 시간들로 가득 차 있다. 우리가 어떤 길을 선택하고 어떤 삶을 이끌어가느냐는 선택의 순간이 왔을 때 얼마나 적절한 방법을 적용하느냐에 따라 우리 삶의 모습은 달라질 것이다.

이 책은 바로 우리 앞에 놓인 선택의 순간을 성공의 시간으로 만들어줄 인생 가이드가 될 것이다.

2022 _ 옮긴이

contents

사람의 마음을 움직이는 데 필요한 9가지 요령 · 4

Prologue

순간의 선택이 성공의 시간을 만든다 · 6

## CHAPTER | 01 사람을 다루는 4가지 원칙

1. 상대방의 장점을 찾아 칭찬하라 · 17

상대방의 단점을 찾지 말고 장점을 찾아라 / 나 자신부터 바로 보자

2. 상대방의 중요한 존재임을 인식시켜라 · 39

스스로 하고 싶게 만들어라 / 상대방이 중요한 사람임을 느끼게 하라

3. 상대방의 마음속에 강한 욕구를 불러일으켜라 · 46

아첨과 칭찬을 구별하라 / 모든 사람은 나의 스승이다

4. 상대방이 원하는 것을 주어라 · 55

물고기를 낚는 상식을 잊지 마라 / 상대방의 입장을 이해하라

# CHAPTER | 02 사람의 호감을 사는 6가지 방법

1. 관심과 애정을 표현하라 · 73

성실한 자세로 상대방을 대하라 / 친구가 필요하면 시간과 노력을 투자하라

2. 미소 띤 얼굴로 대하라 · 89

미소 띤 얼굴을 잃지 마라 / 행복하려고 노력하는 사람만이 행복할 수 있다

3. 상대방의 이름을 기억하고 친근하게 불러라 · 101

상대방의 이름을 기억하라 / 이름을 기억하는 CEO는 경영에서 성공한다

4. 이야기를 열심히 들어주어라 · 112

상대방의 의견을 경청하라 / 상대방의 말 속에 희망이 있다

5. 상대방의 관심에 화제의 초점을 맞추어라 · 127

상대방의 관심이 어디에 있는지 파악하라 / CEO의 관심이 기업의 성공을 이끈다

6. 상대방의 중요성을 인정하고 칭찬하라 · 133

진심에서 우러나는 칭찬을 하라 / 칭찬은 기적을 일으킨다

# CHAPTER | 03 사람을 설득하기 위한 12가지 방법

1. 시시비비의 논쟁을 피한다 · 153

논쟁거리보다 대화거리를 찾아라 / 논쟁으로 상대방의 마음을 바꿀 수 없다

2. 상대방의 의견을 존중하고 잘못을 탓하지 마라 · 165

상대방의 잘못을 지적하지 마라 / 논쟁은 친구를 적으로 만든다

3. 잘못했다면 즉시 인정하고 사과하라 · 176

자기 잘못은 과감하게 인정하라 / 지는 것이 이기는 것

4. 우호적이고 겸손한 태도로 대하라 · 184

부드럽고 친절하게 말하라 / 친절과 감사는 사람의 마음을 바꾼다

5. 처음부터 Yes라고 대답할 수 있는 질문만 하라 · 197

Yes라고 대답할 수 있는 질문을 하라 / 부드러움은 강한 것을 꺾는다

6. 상대방이 마음껏 말하도록 하라 · 204

상대방이 실컷 말할 수 있도록 하라 / 상대방의 이야기는 우리 인생을 풍부하게

한다

7. 스스로 생각하고 판단하게 하라 · 213

강요하지 말고 스스로 생각하게 하라 / 힌트만 주고 스스로 판단하게 하라

8. 상대방의 입장을 바꾸어 생각하라 · 222

입장을 바꾸어 지혜를 터득하라

9. 상대방의 입장을 이해하고 동정하라 · 226

상대방의 입장을 이해하라 / 동정심은 나쁜 감정을 없애는 특효약

10. 인간의 아름다운 감정에 호소하라 · 234

모든 사람이 좋아하는 호소 방법을 찾아라 / 모든 사람은 특별한 존재이다

11. TV나 영화에서처럼 극적인 연출 효과를 느껴라 · 241

나만의 연출 효과를 찾아라

12. 상대방의 경쟁심을 자극하라 · 245

게임처럼 경쟁심을 자극하라

## CHAPTER | 04 사람을 바로 잡는 9가지 방법

1. 칭찬부터 하고 결점은 나중에 지적하라 · 253

칭찬 거리를 찾아라 / 바쁠수록 돌아서 가라

2. 간접적인 충고로 스스로 깨닫게 하라 · 260

충고할 때는 돌려서 하라

3. 자신의 실수부터 이야기하라 · 263

상대방의 단점보다 나의 단점부터 살펴라

4. 자발적인 참여와 협조를 부탁하라 · 268

스스로 협조하게 하라

5. 상대방의 명예와 자존심을 높여 주어라 · 270

상대방의 체면을 살려 주어라

6. 사소한 일이라도 구체적이고 진심으로 칭찬하라 · 273

칭찬도 구체적으로 하라 / 끝없는 도전은 희망의 불씨이다

7. 절대적인 신뢰와 기대감을 나타내라 · 278

신뢰하고 있다고 표현하라

8. 칭찬과 격려는 아끼지 마라 · 282

성공할 수 있도록 격려하라 / 자신감과 용기는 능력을 극대화시킨다

9. 기쁘게 협력하게 하라 · 287

기분 좋게 협력하게 하라 / 인간은 장난감의 지배를 받는다

"한 사람의 가치는 그가 받는 것이 아니라 그가 베푸는 것을 통해 판단해야 한다."

아인슈타인

# CHAPTER 1

# 사람을 다루는 4가지 원칙

Fundamental Techniques in Handling People

상대방의 장점을 찾아 칭찬하라
상대방이 중요한 존재임을 인식시켜라
상대방의 마음속에 강한 욕구를 불러 일으켜라
상대방이 원하는 것을 주어라

젊은 시절 대인관계가 나쁘기로 유명했던 벤저민 프랭클린은 훗날 외교
기술을 터득하고 사람 다루는 방법이 능숙한 것을 인정받아 마침내 프랑
스 대사에 임명되었다. 그는 자신의 성공비결을 다음과 같이 말하고 있다.
"남의 단점을 들춰내지 않고 장점만 칭찬한다."
남을 비평하거나 잔소리를 늘어놓는 것은 어떤 바보라도 할 수 있는 일이
다. 그리고 바보일수록 그런 짓을 하고 싶어한다.

# 1. 상대방의 장점을
# 찾아 칭찬하라

When it is dark enough, you can see the stars.
아무리 어두워도 별은 빛나고 있다.
Ralph Waldo Emerson

### 1. 상대방의 단점을 찾지 말고 장점을 찾아라

1931년 5월 7일, 뉴욕에서는 보기 드문 대규모 범인 소탕 작전이 벌어졌다. 포악한 살인범이면서 술 담배를 하지 않는 쌍권총의 명사수 크로레가 몇 주간에 걸친 수사 끝에 애인이 살고 있는 웨스트 엔드 가의 아파트에 숨어 있는 것이 발각된 것이다.

150명의 경찰이 아파트를 포위하고, 지붕 환기구를 통해 최루가스를 집어넣어 크로레를 사로잡으려고 했다. 만약의 사태에 대비해 주위의 빌딩 옥상에는 기관총을 배치해 놓았다.

마침내 요란한 총성이 조용하던 뉴욕의 고급 주택가를 뒤흔들었다. 주민들이 여기저기서 뛰어나와 구경꾼만 1만여 명에 달했다. 크로레가 큼직한 소파 뒤에 숨어서 경찰을 향하여 마구 총을 쏘아댔던 것이다.

1시간이 넘는 총격전 끝에 크로레는 체포되었다. 경찰국장 마르네는 기자회견을 통해, 크로레는 뉴욕 범죄 역사상 보기 드문 흉악범으로서 '아주 하찮은 동기'만 있어도 간단하게 살인을 저질렀다고 발표했다.

그렇다면 크로레는 자기 자신에 대해 어떻게 생각하고 있었을까?

총격전이 벌어지는 가운데 그가 남긴 '관계자 여러분'에게 보내는 한 장의 메모지를 보면 알 수 있다. 그 편지를 쓰는 동안에도 계속 피를 흘렸는지, 종이에는 붉은 핏자국이 남아 있었다.

그때 그가 쓴 내용의 한 구절이다.

삶에 지치긴 했지만 내 가슴 속에는 부드럽고 따뜻한 마음이 있다. 결코, 나는 누군가를 해치려고 마음먹은 적은 없다.

이 사건이 일어나기 바로 전, 크로레는 롱아일랜드의 시골길에 차를 세워놓고 애인과 함께 한창 사랑에 빠져 있었다.

그때 갑자기 경찰이 차에 다가가 말을 건넸다.

"실례합니다, 운저면허증 좀 보여주십시오."

그러나 크로레는 운전면허증 대신 권총을 꺼내 경찰을 향하여 쏘아댔다. 경찰이 그 자리에서 쓰러지자 크로레는 차에서 뛰어내려 경찰의 권총을 빼앗아 그것으로 다시 한 방을 더 쏘아 무참하게 살해했다.

이런 살인자가 '내 가슴속에는 부드럽고 따뜻한 마음이 있다. 결코, 나는 누군가를 해치려고 마음먹은 적은 없다.'라고 스스로 말하고 있는 것이었다.

크로레는 싱싱 교도소에서 사형을 당했다. 그가 전기의자에 앉았을 때 과연 뭐라고 말했을까? '이렇게 된 것은 자업자득이다. 나는 수많은 사람을 죽인 범죄자이니까…'라고 말했을까? 천만의 말씀. 그는 이런 말을 마지막으로 남겼다.

"나는 내 몸을 지키려다 이 꼴이 되고 말았다."

여기서 중요한 것은 흉악한 살인범인 크로레조차 자기 자신이 잘못되었다고는 전혀 생각하지 않았다는 점이다. 그런데 의외로 이런 생각을 가진 범죄자가 드물지 않다.

"나는 젊은 시절부터 한창 일할 나이 대부분을 세상과 사람을 위해 살아왔다. 그런데 결국 내게 돌아온 것은 세상의 비난과 전과자라는 낙인뿐이다."

이렇게 한탄한 사람은 전 미국을 공포에 떨게 했던 암흑가의 황제 알카포네였다. 극악무도한 카포네도 자기 자신을 절대 비난하지 않았던 것이다. 자신은 자선사업가인데, 세상이 그의 착한 행동들을 오해하고 있는 것이라고 말했다.

악명 높기로 유명한 더치 슐츠 역시 마찬가지였다.

갱들 간의 전쟁에서 목숨을 잃기 전, 어느 신문기자와의 회견석상에서 자신을 '사회의 은인'이라고 표현한 적이 있었다. 이는 전혀 과장된 표현이 아니었다. 왜냐하면 실제로 그는 자기 자신을 그렇게 믿고 있었기 때문이다.

　이러한 문제에 대해서 싱싱 교도소의 소장인 루이스 로즈는 흥미 있는 이야기들을 들려주었다.

　"수감자들 가운데 자기 자신을 악한 사람이라고 생각하는 사람은 거의 없습니다. 그들은 스스로를 선량한 일반 시민들과 조금도 다르지 않은 존재라고 생각한다는 것입니다. 그들은 왜 금고를 털지 않으면 안 되었는지, 또는 권총의 방아쇠를 당기지 않으면 안 되었는지에 대한 이유를 그럴듯하게 설명합니다."

　이처럼 범죄자들 대부분은 자신의 잘못에 그럴듯한 이유를 달고 그것을 정당화시킨다. 그들이 교도소에 수감 된 것을 매우 부당하다고 생각하는 것은 어쩌면 당연한 일인지도 모른다.

　이렇듯 범죄자들까지도 자신이 옳았다고 생각하고 있다면, 도대체 보통 사람들은 자기 자신을 어떻게 생각하고 있을까?

　미국의 위대한 실업가인 존 위너메이커는 이렇게 말했다.

　"나는 30년 전에 사람을 나무라는 것이 가장 어리석은 것이라는 사실을 깨달았다. 신이 아닌 이상 어느 누구도 완전할 수 없다는 사실을 알고 있기 때문이다."

　위너메이커는 젊은 시절에 이러한 교훈을 깨달았지만, 나는 한참 후에야 사람은 아무리 큰 잘못을 저질러도 결코 스스로를 비난하지 않는다는 사실을 알게 되었다.

　남의 허물을 찾아내거나 비난하는 것은 소용없는 일이다.

　비난은 사람들로 하여금 방어 태세를 갖추게 하고 어떻게든 자신을 정당화시키게 하기 때문이다. 게다가 자존심이 상하게 되면 반항하고 싶은 마음이 생긴다. 이는 참으로 위험천만한 일이다.

세계적으로 유명한 심리학자인 B. F. 스키너는 동물 실험을 통해 착한 행동을 한 후 칭찬을 들은 동물이 나쁜 행동을 한 후 벌을 받는 동물보다 훨씬 더 빨리 배우고 효과적으로 배운 것을 습득한다는 사실을 증명했다. 그 후 연구를 통해 사람들에게도 똑같이 적용된다는 것을 알 수 있었다. 즉, 섣부른 비난은 우호적인 관계를 만드는 것이 아니라 원한을 사게 되는 것이다.

또 한 가지 예로 티포트 돔 의혹 사건을 들어보자.

이는 미국을 발칵 뒤집어놓을 정도의 대사건으로, 몇 년이 지나도록 국민의 분노가 가라앉지 않을 만큼 사회적으로 큰 파문을 일으켰다.

이 사건의 중심 인물은 워런 G. 하딩 대통령으로 그 당시 내무장관은 알버트 B. 펄이었다. 그는 당시 정부 소유지인 티포트 돔과 엘그 힐의 유전 임대에 관한 권한을 쥐고 있었다. 본래 이 유전은 해군용으로 보존하도록 되어 있었는데 펄은 공개 입찰도 하지 않고 친구인 에드워드 도헤니에게 특혜를 주어 유전 임대 계약을 체결하였다. 그 결과 도헤니는 엄청난 부를 축적할 수 있었고, 그 대가로 펄에게 대여금이란 명목으로 10만 달러를 주었다. 그러나 내무장관인 펄은 자신의 직위를 이용하여 주위의 다른 소형 유전업자들을 쫓아내기 위해 해병대를 동원했다. 엘그 힐의 석유 매장량이 주변 유전들 때문에 감소 될 것을 염려했던 것이다. 결국에는 군병력의 총칼 앞에 내쫓긴 유전업자들이 법정에 고소를 제기했고, 티포트 돔 사건은 만천하에 폭로되었다.

이 사건은 엄청난 사회적 파문을 일으켰으며 결국 하딩 대통령은 정치 생명에 종말을 고할 수밖에 없었고, 멈추지 않는 국민의 분노로 공화당은 위기에 빠졌다. 물론 알버트 B. 펄에게는 실형이 선고되었다.

펄은 현직 관리로서는 전례가 없을 정도로 무거운 형을 언도 받았다. 과연 펄은 자신의 죄를 뉘우쳤을까? 천만에! 전혀 그렇지 않았다.

그로부터 몇 년 후 허버트 후버 대통령이 어느 세미나에서, 하딩 대통령의 죽음을 재촉한 것은 측근들에게 배신당한 정신적 고통 때문이었다고 말한 적이 있었다. 그러자 세미나에 참석했던 펄 부인이 벌떡 일어나 앙칼진 목소리 팔을 내저으며 소리쳤다.

"뭐라구요? 하딩이 펄에게 배신을 당했다구요? 천만에요! 내 남편은 남을 배신한 일이 한 번도 없습니다. 이 건물을 황금으로 다 채워놓아도 결코 남편을 유혹할 수는 없습니다. 오히려 남편이 하딩으로부터 배신을 당한 것입니다. 남편은 배신으로 인해 고통받은 희생양입니다."

이것은 인간의 성격이 가지고 있는 속성이다.

사람에게는 자기가 아무리 나쁜 짓을 저질러도 자기 자신의 잘못은 보이지 않고 상대방을 비난하는 경향이 있다. 그런데 이런 성향은 반드시 죄를 지은 사람의 경우에만 국한되는 것은 아니다.

우리들도 역시 마찬가지다. 그러므로 만약 남을 비난하고 싶어지면, 알 카포네나 크로레나 펄의 이야기를 떠올려 주기 바란다.

비난이란 제 얼굴에 침 뱉기와 같은 것이다.

남을 비난하는 것은 마치 하늘을 쳐다보고 침을 뱉는 것과 같아서 반드시 자기 몸으로 더러운 침이 떨어지기 마련이다. 남의 잘못을 들추거나 비난하면 결국 상대는 티포트처럼 말할 것이다.

'그때 나로서는 그렇게 할 수밖에 없었다'

## 2. 나 자신부터 바로 보자

1865년 4월 15일 토요일 아침, 에이브러햄 링컨은 존 윌크스부스가 쏜 흉탄을 맞고 쓰러진 포드 극장 맞은편에 있는 어느 싸구려 여관의 침대에서 죽음을 기다리고 있었다.

침대가 너무 작아서 링컨은 대각선으로 눕혀져 있었다. 벽에는 로자 본호이어의 유명한 그림인 '말 시장' 모조품이 걸려 있었고, 침침한 가스등 불빛이 누렇게 흔들리고 있었다.

이 참담한 광경을 지켜보고 있던 스탠턴 육군 장관이 중얼거렸다.

"여기에 누워 있는 사람만큼 인간의 마음을 완전하게 지배할 수 있었던 사람은 세상에 둘도 없을 것이다."

이처럼 사람의 마음을 사로잡는 데 성공한 링컨의 비결은 무엇이었을까?

나는 링컨의 생애를 10년 동안 연구하고, 그로부터 3년 동안 집필

하여 『세상에 알려지지 않는 링컨』이라는 책을 출판하였다. 나는 링컨의 사람됨과 그의 가정생활에 관해서 상세히 연구했고, 특히 사람의 마음을 사로잡는 비결에 대해 깊이 연구했다.

링컨도 다른 사람들을 비판했을까? 링컨 역시 사람을 비판하는 일에 흥미를 가진 적이 있었다.

인디애나주의 피존 크리크밸리라는 시골 동네에 살던 젊은 시절, 그는 남의 잘못을 헐뜯는 일을 즐길 뿐만 아니라, 상대방을 비방하는 시나 편지를 써서 그것을 일부러 사람들의 눈에 띄도록 길가에 떨어뜨려 놓기도 했다. 그 편지 때문에 평생 동안 그에게 반감을 갖고 지낸 사람이 있었다.

링컨은 일리노이주의 스프링필드에서 변호사 사무실을 개업한 후에도 반대파에 대한 비난 편지를 신문지상에 공개하곤 했는데 그것이 너무나 지나쳐서 큰 봉변을 당한 적이 있었다.

1842년 가을, 링컨은 거만하고 허영심 많고 시비를 좋아하는 제임스 실즈라는 아일랜드 출신의 정치인에 대한 비난의 글을 써서 스프링필드 저널 지에 익명으로 기고했다. 이것이 게재되자 실즈는 모든 사람들의 조롱거리가 되었다. 그러자 감정적이고 자존심이 강한 실즈는 불덩이같이 화를 냈다. 링컨이 투서한 사실을 알아낸 그는, 즉각 말을 타고 달려가 링컨에게 결투를 신청했다. 링컨은 결투를 싫어했지만, 자신의 명예가 걸려 있기 때문에 거절하지 못하고 그의 결투를 받아들였다.

무기의 선택은 링컨에게 일임되었다.

팔이 긴 링컨은 기병들이 쓰는 칼을 선택했고, 육군사관학교 출신인 친구에게 그 사용법까지 배웠다.

결투의 날이 밝자 두 사람은 미시시피강의 모래사장에서 만났다. 결투를 시작하려는 순간, 그들의 의회인들이 중재에 나서서 다행히 결투는 이루어지지 않았다.

이 사건은 링컨에게 개인적인 충격을 안겨주었다. 그날 이후 그는 사람을 다루는 방법에 대해서 귀중한 교훈을 얻었다. 그 후로 그는 두 번 다시 사람을 무시하는 편지를 쓰지 않았고, 사람을 조롱하지도 않았으며, 무슨 일이 있어도 남을 비난하는 일은 절대 하지 않았다.

세월이 흘러 남북전쟁 때의 일이다.

포토맥강 지구의 전투가 신통치 않자 링컨은 사령관을 거듭해서 교체하지 않으면 안 되었다. 그러나 그가 임명한 매클래런, 포프, 번사이드, 후커, 미드 등 다섯 장군은 공교롭게도 모두가 실패를 거듭하여 링컨을 곤경에 빠뜨리곤 했다.

국민들 대부분이 무능한 장군을 통렬하게 비난했다. 링컨 역시 너무 실망한 나머지 비관적이 되었다. 그러나 링컨은 '나쁜 마음을 버리고 사랑을 하라'고 스스로를 타이르며 마음의 평정을 잃지 않았다.

'남의 비난을 받는 것이 싫다면 남을 비난하지 마라.'

이것이 그의 좌우명이었다.

링컨은 그의 아내나 측근들이 남부 사람들을 욕할 때마다 이렇게 말하곤 했다.

"그들을 나쁘게 말하지 마시오. 입장이 바뀌었을 때를 생각해 보시오."

이 세상에 남을 비난해도 좋을 사람이 있다면, 그것은 바로 링컨이다. 한 가지 예를 들어보자.

1853년 7월 1일부터 3일 동안 게티스버그에서는 남북 양군의 치열한 격전이 벌어지고 있었다. 4일 밤, 리 장군이 이끄는 남군이 폭우에 쫓겨 후퇴하기 시작했다. 패잔병들을 이끌고 리 장군이 포토맥강에 이르렀을 때는 밤새 내린 큰비로 강물이 범람하여 도저히 강을 건널 수 없는 상황이었다. 뒤에서는 북군이 기세 좋게 추격하고 있었으므로 남군은 완전히 사면초가에 빠지고 말았다.

링컨은 리 장군을 생포하여 남북 전쟁을 즉각 종결시킬 수 있는 하늘이 준 절호의 기회라고 생각하였다. 그는 작전 회의를 취소하고, 미드 장군에게 지체 없이 남군을 추격할 것을 명령했다. 이 명령은 우선 전보로 타전되었고, 뒤이어 즉각적인 공격을 재촉하는 특사가 미드 장군에게 파견되었다.

그러나 미드 장군은 링컨의 명령을 따르지 않았다.

미드 장군은 작전 회의를 열어 공연히 시간을 지연시켰고, 여러 가지 구실을 붙여 공격을 거부했다. 그러는 동안 강물은 줄어들고, 리 장군은 남군을 이끌고 강을 건너 후퇴해 버렸다.

링컨은 울화통이 터졌다.

"도대체 이게 어떻게 된 일이냐!"

그는 아들 로버트를 붙들고 소리쳤다.

"이게 무슨 꼴이냐! 적은 독 안에 든 쥐가 아니었던가? 그런데도 우리 군대는 내 명령을 거부하고 꼼짝도 하지 않았어! 이런 경우라면 어떤 장군이라도 리 장군을 격파할 수 있었을 텐데……그 정도는 나라도 할 수 있어!"

매우 낙심한 링컨은 미드 장군에게 매우 조심스러운 한 통의 편지를 썼다. 1863년에 쓰여진 이 편지는 링컨이 몹시 화를 냈다는 사실을 입증하고 있다.

> 장군 보시오.
>
> 나는 리 장군의 탈출로 인하여 야기될 불행한 사태의 중대성에 대하여 장군께서 올바르게 인식하고 있다고는 생각하지 않습니다. 적은 확실히 우리의 수중에 있었습니다. 추격만 했다면, 최근 우리 군대가 거둔 전과와 더불어 전쟁을 종결시킬 수도 있었을 거라고 나는 확신합니다. 이 절호의 기회를 놓친 지금 전쟁 종결의 가능성은 희박해졌습니다. 지난 월요일에 리 장군을 공격하는 것이 가장 최선이었을 겁니다. 그러나 이미 적군이 도망쳐버린 지금, 그를 공격하는 것은 절대로 불가능할 것입니다. 요즘 우리 군대의 사정으로는 그날 병력의 3분의 2밖에 쓸 수 없습니다.
>
> 나는 앞으로 장군의 활약에 기대를 걸 수가 없습니다. 더 솔직히 말한다면, 사실 기대하고 있지도 않습니다. 장군은 하늘이 주신 절호의 기회를 놓친 것입니다. 그것 때문에 나 역시 말할 수 없는 고통을 겪고 있습니다.

과연 미드 장군은 이 편지를 읽고 어떤 생각을 했을까?

그러나 미드는 이 편지를 읽지 못했다. 링컨이 이 편지를 보내지 않았기 때문이다. 이 편지는 링컨이 죽은 후 그의 서류함 속에서 발견되었다.

아마 링컨은 이 편지를 써놓고 한참 동안 고민에 빠졌을 것이다.

'잠자…… 너무 성급한 판단일지도 몰라. 이렇게 고요한 백악관 한구석에 앉은 채 미드 장군에게 공격 명령을 내리는 것은 쉬운 일이지만, 만약 내가 게티스버그 전선에서 지난 1주 동안 미드 장군이 보았던 만큼의 유혈 사태를 보았더라면, 그리고 부상병의 비명과 끊어질 듯한 절규를 귀가 따갑도록 들었더라면 아마 공격을 계속할 마음이 없어졌을지도 몰라. 만약 내가 미드처럼 태어날 때부터 소심했다면, 틀림없이 나도 그와 같은 행동을 했을 것이야. 게다가 이미 모든 일은 끝났어. 이 편지를 보내면 내 마음은 풀릴지 모르지만 과연 미드는 어떨까? 자기를 정당화하고 반대로 나를 비난하겠지…… 나에 대한 반감 때문에 부하를 통솔하지 못하고, 결국은 군대를 떠나지 않으면 안 될지도 몰라.'

링컨은 과거의 쓴 경험으로부터 심한 비난이나 책망은 대개의 경우 아무런 효과도 없다는 사실을 잘 알고 있었던 것이다.

시어도어 루스벨트는 어떤 난관에 부닥치면, 언제나 거실 벽에 걸려 있는 링컨의 초상화를 쳐다보며 이렇게 생각해 보는 것이 습관이었다고 한다.

"링컨 같았으면 이런 경우에 어떻게 할까? 그는 이런 문제를 어떻게 해결했을까?"

만일 우리가 누군가에게 충고하고 싶어지면 링컨을 생각해 보면
된다.

"만일 링컨이 이런 문제에 부딪힌다면 어떻게 해결했을까?"


마크 트웨인은 이따금 울화통을 터뜨렸고 그때마다 욕설로 가득
찬 편지를 쓰곤 했다. 한 가지 예로 언젠가 자신을 화나게 만든 사람
에게 다음과 같은 편지를 보냈다.

"당신 같은 사람에게 필요한 것은 매장 허가증이오. 말만 하면 내
가 그것을 얻도록 주선해 주겠소."

또 어떤 경우에는 그의 철자와 구두점을 고쳐 보려고 시도한 출
판사 직원에 대해 편집장에게 편지를 써서 다음과 같이 명령하곤
했다.

"지금부터는 내 원고에 대해 고칠 생각을 하지 말 것이며, 그런
건방진 생각은 그 썩은 머리 속에 놔두라고 충고하시오."

이런 신랄한 편지를 쓰는 것은 마크 트웨인을 기분 좋게 만들었
다. 그 편지들은 그의 울화를 풀어주었지만 어느 누구에게도 해를
입히지는 않았다. 왜냐하면 그의 아내가 남편 몰래 그 편지를 빼놓
았기 때문이다. 그 편지들은 보내지지 않은 것이다.

남의 결점을 고쳐주려는 마음은 분명히 훌륭하고 칭찬받을 만한
가치가 있다. 그러나 그것은 먼저 자신의 결점을 고친 후의 얘기다.
섣불리 남을 타이르기보다는 먼저 자신을 바로잡는 것이 무엇보다

중요하다.

영국의 시인 브라우닝은 이렇게 말했다.

"자신과의 싸움을 시작한 사람은 자기가 가치 있는 인간임을 증명하는 것이다."

자기 자신과 싸워서 자기를 완전한 인간으로 만들려면 적어도 1년은 걸릴 것이다. 그러나 그것이 성공만 한다면, 깨끗한 새해를 맞이할 수 있다. 그런 다음에는 생각나는 대로 남의 흠을 찾아내도 좋다. 그러나 그에 앞서 자신이 완전해져야 하는 것이 필수 조건이다. 말하자면 똥 묻은 개가 겨 묻은 개 나무라는 식은 되지 말라는 뜻이다.

젊은 시절, 어느 잡지에 작가론을 쓰기로 약속한 나는 미국 문단에서 이름을 떨치고 있던 작가 리처드 하딩 데이비스에게 편지를 보냈다. 한창 뜨고 있는 작가였기에 그의 창작법을 직접 문의했던 것이다.

그런데 편지를 보내기 얼마 전, 어떤 사람으로부터 편지를 받았는데, 그 끝머리에 다음과 같은 구절이 있었다.

'받아쓰게 했을 뿐 읽지는 못함(Dictated but not read)'

신문기사를 쓸 때 글의 책임은 기자에게 있음을 알려주는 문구로 나는 이 구절이 매우 마음에 들었다. 데이비스에게 강한 인상을 심어주고 싶었던 나는 그 문구를 편지의 끝머리에 적어 보냈다.

'받아쓰게 했을 뿐 읽지는 못함.'

그러나 내가 받은 것은 데이비스의 답장이 아니라 내가 보낸 편지였다. 거기에는 데이비스의 글이 휘갈겨 쓰여있었다.

'이런 무례함을 다룰 자는 당신외에는 없는 것 같소.'

나는 기분이 나빴지만, 그의 말이 맞기 때문에 할 말이 없었다. 그러나 기분이 상한 것은 어쩔 수가 없었다. 얼마나 기분이 나빴는지 10년 후 리처드 하딩 데이비스의 부고 기사를 읽었을 때 가장 먼저 내 머리에 떠오른 것은 부끄럽고 화가 났던 그때의 모욕이었다.

죽을 때까지 남에게 미움 받고 싶은 사람은 남을 신랄하게 비평만 하면 된다. 그 비평이 들어맞으면 들어맞을수록 나에게 돌아오는 미움의 파장은 커질 것이다.

사람을 다룰 때는 상대방을 논리적인 동물이라고 생각해서는 절대로 안 된다. 상대는 감정의 동물이며, 편견과 자존심과 허영심 덩어리라는 사실을 늘 잊지 말아야 한다.

남을 헐뜯는 것은 가장 위험한 불꽃놀이다. 그 불꽃놀이는 자존심이라고 하는 화약고의 폭발과 같아서 이따금 사람의 목숨을 앗아가기도 한다.

아름다운 문체로 영문학을 빛낸 토머스 하디는 매정한 비평 때문에 영원히 소설을 쓰지 않게 되었으며, 영국의 천재 시인 토머스 차터톤 역시 비평 때문에 자살을 택했다.

대인관계가 나쁘기로 소문난 벤저민 프랭클린은 훗날 외교 기술을 터득하고 사람 다루는 방법이 능숙한 것을 인정받아 프랑스 대사

과거보다

큰 꿈을 꾸어라.

에 임명되었다. 그 성공 비결을 묻자 그는 자신의 성공 비결을 이렇게 말했다.

"상대방의 단점은 감싸주고 장점만 찾아내 칭찬했습니다."

남을 비평하거나 잔소리를 늘어놓는 것은 어떤 바보라도 할 수 있는 일이다. 물론 바보일수록 그런 짓을 더욱 하고 싶어한다.

이해와 관용은 뛰어난 성품과 극기심을 갖춘 사람만이 가질 수 있는 덕목이다.

영국의 사상가 칼라일은 이렇게 말했다.

"위인의 위대함은 하인을 다루는 방법에서도 나타낸다."

흔히 부모들은 자녀를 잘 키우기 위해서라는 이유로 비난하고 있다. 물론 여러분은 내가 '비난하지 마라.'고 말할 것이라고 생각할 것이다. 그러나 나는 그렇게 말하지 않는다. 다만 이렇게 말할 것이다.

"자녀들을 비판하기 전에 미국 저널 잡지의 고전 가운데 하나인 「아버지는 잊어버린다」를 읽어 보십시오."

이 글은 원래 피플즈 홈 저널지에 사설로 실렸던 기사로, 저자의 동의하에 「리더스 다이제스트지」에 실린 요약본을 이곳에 옮겨 싣는 것이다.

〈아버지는 잊어버린다〉는 진지한 느낌을 단숨에 써내려간 짧은 글로써, 수많은 사람의 마음을 감동시킨 인기 있는 글로 해마다 계속 나오고 있다.

〈아버지는 잊어버린다〉는 작가 W.리빙스턴 라니드에 의해 발표된 이래 계속해서 전국의 잡지, 가정지, 일간신문에 수백 번 실렸다. 이 글은 거의 모든 외국어로 번역되어 출판되었다. 나는 학교, 교회 그리고 강단에서 이 글을 읽고 싶어 하는 수많은 사람들에게 그렇게 하도록 개인적으로 허락을 해주어 수많은 모임과 프로그램에서 방송되었다. 고맙게도 대학의 정기간행물과 고등학교 잡지에도 이 글이 실렸으며, 가끔 아주 작은 것들이 깊은 감명을 준다. 글의 내용은 다음과 같다.

아버지는 잊어버린다

W. 리빙스턴 라니드

아들아, 내 말을 듣거라. 나는 네가 잠들어 있는 동안 이야기하고 있단다. 너의 조그만 손은 뺨 밑에 끼어 있고 곱슬곱슬한 금발 머리는 촉촉하게 젖어 있는 이마에 붙어 있구나. 나는 혼자 네 방에 몰래 들어왔단다. 몇 분 전에 서재에서 서류를 읽고 있을 때, 후회의 거센 물결이 나를 덮쳐왔다. 나는 죄책감을 느끼며 네가 잠자고 있는 침실을 찾아왔단다.

내가 생각해 오던 몇 가지 일이 있단다. 아들아, 지금까지 나는 너한테 너무 까다롭게 대해 왔던 것 같구나. 네가 아침에 일어나 얼굴에 물만 찍어 바른다고 해서 학교에 가려고 옷 입고 있는 너를 꾸짖곤 했지. 신발을 깨끗이 닦지 않는다고 해서 너를 나무랐고, 물건을 함부로 마루바닥에 던져 놓는다고 해서 너한테 화를 내곤 했었지.

아침 식사 때도 나는 또 네 결점을 끄집어냈단다. 너는 음식을 흘리며 잘 씹지도 않고 그냥 삼켜버린다거나, 식탁에 팔꿈치를 올려놓기도 했고, 빵에 버터를 많이 발라 먹기도 했지. 그때마다 나는 화를 내곤 했었구나. 그리고 너는 학교에 갈 때 출근하는 나에게 뒤돌아 보며 손을 흔들며 말했지.

"안녕히 다녀오세요, 아빠."

그러면 나는 얼굴을 찌푸리며 대답했지.

"어깨를 쭉 펴고 걸어라."

아들아, 기억하고 있니? 잠자리에 들기 전에 내가 서재에서 서류를 보고 있을 때 너는 경계의 빛을 띠고 겁먹은 얼굴로 들어왔었잖니? 일을 방해당한 것에 짜증을 내면서 서류에서 눈을 뗀 나는 문 옆에서 망설이고 서 있는 너를 바라보며 퉁명스럽게 말했지.

"무슨 일이냐?"

너는 아무 말도 하지 않고 갑작스럽게 나에게 달려와 두 팔로 내 목을 안고 키스를 했지. 너의 조그만 팔은 하나님이 네 마음속에 활짝 꽃 피운 애정을 담고 나를 꼭 껴안고 있었단다. 그것은 어떤 냉담함에도 시들 수 없는 애정으로 가득 차 있었지. 그런 후 너는 문밖으로 나가 계단을 쿵쾅거리며 네 방으로 뛰어 올라갔지.

내 손에서 서류가 마룻바닥으로 떨어지고 말할 수 없는 공포가 나를 사로잡은 것은 바로 그 후의 일이었단다. 내가 왜 이런 나쁜 버릇을 갖게 되었을까? 잘못만을 찾아내 꾸짖는 버릇 말이다. 사실 그것은 너를 착한 아이로 만들려다 생긴 버릇이란다. 너를 사랑하지 않아서 그런 것이 아니라 어린 너한테 너무나 많은 것을 기대한 데서 생긴 잘못이란다. 나는 나 자신의 어린 시절을 바탕으로 너를 재고 있었던 거란다.

그러나 너는 너무 착하고, 뛰어나고, 진솔한 성격을 갖고 있단다. 너의 조그만 마음은 넓은 언덕 위를 비치는 새벽빛처럼 한없이 넓단다. 그것은 순간적인 생각으로 내게 달려와 저녁 키스를 하던 네 행동에 잘 나타나 있구나. 오늘밤에는 다른 것이 필요 없다.

아들아, 나는 어두운 네 침실에 들어와 무릎을 꿇고 나 자신을 부끄러워하고 있단다.

이것은 작은 뉘우침에 불과하단다. 네가 깨어 있을 때 이야기를 해도 너는 이런 일을 이해하지 못하리라는 것을 잘 알고 있단다. 하지만 내일 나는 참다운 아버지가 되겠다. 나는 너와 사이좋게 지내고, 네가 고통을 당할 때 같이 괴로워하고, 네가 웃을 때 나도 웃을 것이다. 너를 꾸짖는 말이 튀어나오려고 하면 혀를 깨물겠다고 계속해서 의식적으로 말할 거란다.

'우리 애는 작은 어린아이에 불과하다고.'

너를 어른처럼 대해 온 것을 부끄럽게 생각한단다. 지금 네가 침대에 웅크리고 자는 것을 보니 아직 너는 어린아이에 지나지 않는다는 것을 알겠구나. 어제까지 너는 머리를 엄마의 어깨에 기대고 엄마 품에 안겨 있었지. 내가 너무나 많은 것을 너한테 요구해 왔구나. 너무나도 많은 것을 말이다.

상대방을 비난하기 전에 상대를 이해하도록 노력해야 한다. 왜 그런 일을 저질렀는지 이유를 생각해 보면 훨씬 유익하고 흥미롭기까지 할 것이다. 상대방을 진심으로 이해하면 동정과 관용 그리고 친절까지 베풀게 된다.

이해는 용서를 가져온다.

영국의 위대한 문학가 존슨은 이렇게 말했다.

"하나님도 죽기 전까지는 사람을 심판하지 않는다."

"그런데 인간인 우리가 사람을 함부로 심판할 수 없지 않는가?"

속담에 이런 말이 있다.

'꿀이 필요하면 벌통을 차지 마라.'

# 2. 상대방이 중요한
# 존재임을 인식시켜라

A problem is your chance to do your best.
**역경은 최선을 다할 수 있는 기회다.**
Duke Ellington(재즈피아노 연주자 · 작곡가)

## 1. 스스로 하고 싶게 만들어라

사람의 마음을 움직이는 비결은 단 하나, 스스로 하고 싶은 생각이 들게 만드는 것이다. 그러나 이러한 사실을 알고 있는 사람은 아주 드물다.

다시 한번 강조하지만 스스로 하고 싶은 생각이 들게 하는 것 그이상의 비결은 없다.

협박과 감시로 사람의 마음을 움직일 수도 있지만, 그것은 진실이 없기 때문에 그 결과는 항상 좋지 못한 반작용이 따르게 마련이다.

사람을 움직이고 싶으면 그 사람이 원하는 것을 주는 것이 가장 좋은 방법이다.

상대방은 무엇을 원하는가?

심리학자인 프로이트는 인간의 모든 행동은 두 가지 동기, 즉 성적 충동과 위대해지고자 하는 욕망에서 비롯된다고 보았다.

교육자인 존 듀이도 그와 같은 사실을 강조하고 있다.

"인간이 지닌 가장 뿌리 깊은 충동은 훌륭한 인물이 되려고 하는 욕구이다."

중요한 인물이 되려는 욕구, 이것은 사람들한테 매우 중요한 문제이다.


인간은 무엇을 탐내는가?

원하는 것이 별로 없을 것 같은 사람도 꼭 이것만은 손에 넣어야지 하는 게 몇 가지씩은 있다. 아무리 평범한 사람도 아래의 것들이 이루어지길 소망할 것이다.

1. 건강과 장수
2. 음식
3. 수면
4. 돈과 돈으로 살 수 있는 물건
5. 내세의 부활
6. 성적인 만족
7. 자손의 번성
8. 중요한 사람이 되고 싶은 욕구

이 가운데 대부분은 대체로 만족할 수 있는 것들이지만, 여덟 번째 것만은 예외이다.

'중요한 사람이 되고 싶은 욕구'는 뿌리도 깊고 좀처럼 충족되기도 힘들다. 그것은 바로 프로이트가 말하는 위대해지고 싶은 욕망, 존 듀이가 말하는 훌륭한 사람이 되고 싶은 욕구와 같은 것이다.

링컨이 쓴 편지 가운데 다음과 같은 구절로 시작하는 편지가 있다.

'사람은 누구나 겉치레를 좋아한다.'

저명한 심리학자 윌리엄 제임스는 말했다.

"인간이 지닌 성격 중에서 가장 강한 것은, 남에게 인정받으려고 갈망하는 마음이다."

여기서 희망한다든가, 원망한다든가, 동경한다든가 하는 평범한 표현을 쓰지 않고 '갈망한다'라고 표현한 것에 주의해 주기 바란다.

이것은 인간의 마음을 끊임없이 뒤흔드는 불타는 듯한 갈증이다. 상대방에게 이와 같은 마음의 갈증을 올바르게 채워줄 수 있는 사람은 매우 드물지만, 그것을 할 수 있는 사람이야말로 비로소 상대방의 마음을 자기의 손아귀에 넣을 수 있는 인물이다. 장의사라 할지라도 이런 사람이 죽었다면 진심으로 슬퍼할 것이다.

중요한 사람이 되고 싶은 욕구는 인간을 동물과 구별시키는 가장 중요한 특성이기도 하다.

미주리주의 농촌에 살 때의 이야기이다.

당시 아버지는 듀록 저지 품종의 돼지와 흰 머리를 가진 순종 소를 키우고 있었는데, 아버지는 그것을 중서부의 각지에서 열린 품평회에 출품하여 1등 상을 타곤 했다.

그런데 아버지는 그 명예로운 1등 상을 상징하는 리본을 흰 모슬린 천에 핀으로 꽂아놓고, 손님이 올 때마다 들고 나왔다. 그러면 나는 천의 한쪽 끝을 붙잡고 뿌듯한 기분으로 그 옆에 서 있곤 하였다.

돼지는 자기가 얻은 상에 대해 아무런 관심도 없었지만, 아버지에게 있어서 그것은 대단히 중요한 문제였다. 결국, 그 상은 아버지에게 자신이 얼마나 중요한 존재인지 느낄 수 있게 해주었다.

만약 우리들의 조상이 이 불타는 듯한, 중요한 사람이 되고자 하는 욕구를 갖고 있지 않았더라면, 지금처럼 발달 된 인류의 문명도 생겨나지 않았을 것이다.

링컨도 바로 중요한 사람이 되겠다는 욕구를 실현시킨 인물이다. 교육을 받지 못해 가난한 한 식료품 점원으로 일하고 있었지만, 예전에 50센트에 사두었던 법률책을 짐짝 속에서 꺼내어 공부를 하겠다고 마음먹게 한 것은, 다름 아닌 중요한 사람이 되겠다는 욕구의 자각인 것이다.

영국의 소설가 디킨스에게 위대한 소설을 쓰게 한 것도, 18세기 영국의 이름난 건축가 크리스토퍼 랜에게 불후의 명작을 남기게 한 것도, 록펠러에게 평생 써도 다 쓸 수 없는 부를 쌓게 한 것도 모두

가 중요한 인간이 되려고 하는 욕구였다. 부자가 필요 이상의 호화 주택을 짓는 것도 역시 이 때문이다.

최신 유행의 스타일로 몸을 치장하거나 최신형 자가용을 굴리고 다니는 것도, 자기 집 아이들을 유난스레 자랑하는 것도 모두 이 욕구 때문이며, 많은 소녀들을 악의 구렁텅이로 유혹하는 것도 바로 이 욕구 때문이다.

뉴욕의 경시총감이었던 마르네는 다음과 같이 말하고 있다.

"청소년 범죄자는 마치 자아의 덩어리 같다. 체포당한 후 그들이 가장 먼저 요구하는 것은 자기를 영웅같이 취급하여 크게 다루고 있는 신문을 보여달라는 것이다. 자기 자신이 유명한 인물, 예를 들면 아인슈타인이나 린드버그, 루스벨트 등의 사진과 함께 실려 있는 것을 보고 있으면 전기의자에 앉게 될지도 모른다는 두려움마저 사라져버린다는 것이다."

중요한 사람이 되겠다는 욕구를 만족시키는 방법을 보면, 그가 어떤 사람인가를 알 수 있다. 다시 말해 그 욕구를 만족시키는 방법에 따라서 그 인간의 성격이 좌우되는 것이다. 이것은 매우 의미 깊은 말이다.

가령 록펠러는 자신이 중요한 사람이 되겠다는 욕구를 채우기 위해 알지도 못하는 중국의 빈민들을 위하여 베이징에 현대적인 병원을 세우는 데 필요한 자금을 기부했다.

그러나 델린저라는 사나이는 자기의 중요감을 만족시키기 위하여 절도, 은행 강도, 나중에는 살인도 서슴지 않았다. 경관에게 쫓겨

미네소타의 어떤 농가로 도망쳐 들어간 그는 이렇게 외쳤다.

"나는 델린저다!"

그는 자기가 흉악범이라는 사실을 과시하고 싶어 못 견디겠다는 듯 또 이렇게 말했다

"당신들을 해칠 생각이 없다! 나는 델린저다!"

그는 자기 자신이 범죄자라는 사실에 굉장한 긍지를 느끼고 있었던 것이다.

그렇다면 델린저와 록펠러는 어떤 차이가 있는 것일까. 두 사람의 중요한 차이점은, 바로 자기가 중요한 존재라는 것을 만족시키기 위하여 택한 방법이다.


## 2. 상대방이 중요한 사람임을 느끼게 하라

유명한 사람들이 자기의 중요성을 채우기 위하여 노력한 예는 얼마든지 있다.

조지 워싱턴은 자기를 '미합중국 대통령 각하'라고 불러주기를 원했다. 콜럼버스도 '해군 대제독, 인도 총독'이라는 칭호를 매우 즐겼다. 러시아의 캐서린 여왕은 서두에 '폐하'라는 호칭이 없는 편지는 거들떠보지도 않았다.

링컨 부인이 대통령 관저에서 그랜트 장군의 부인을 노려보며 앙칼지게 소리친 내용을 보면 자신의 중요성을 남에게 알리려는 마음이 얼마나 강한지 잘 알 수 있다.

"당신은 정말 뻔뻔스럽군요? 내가 앉으라고 말하기도 전에 먼저 앉다니!"

버드 소장이 이끄는 남극 탐험대에 미국의 백만장자들이 자금을 원조할 때, 그들이 내건 조건은 남극의 산맥에 자신들의 이름을 기록하라는 것이었다. 또 프랑스의 위대한 작가 빅토르 위고는 수도 파리의 명칭을 자기의 이름과 관련된 것으로 바꾸려는 야망을 품고 있었다. 영국의 대문호 셰익스피어까지도 자기의 이름을 빛내기 위하여 많은 돈을 들여 귀족의 칭호를 얻었다.

그런 반면 매킨리 대통령 부인은 상대방의 동정과 관심을 이용해서 자신의 중요성을 만족시키려고 하였다. 그녀가 선택한 방법은 바로 꾀병을 앓는 것이었다.

그녀는 자기의 중요성을 채우기 위하여 남편이 매킨리 대통령에게 중대한 국사를 소홀히 하게 하고, 침실에 들게 하여 자기가 잠들 때까지 몇 시간 동안 애무를 계속 하게 하였다. 또 그녀는 치과 치료를 받는 동안, 남편으로 하여금 한시도 그 옆을 떠나지 못하게 함으로써 자기가 남편에게 얼마나 중요한 존재인지를 알리고 싶어 했다.

자기의 중요성만 생각한 나머지 결국 광기의 세계 속에서 그것을 충족시키려는 것이 바로 인간이다. 그렇다면 우리가 정상적인 세계에서 이 욕망을 만족시킬 수 있다면 엄청난 기적이 일어날 것이다.

# 3. 상대방의 마음속에 강한 욕구를 불러일으켜라

## 1. 아첨과 칭찬을 구별하라

앤드류 카네기는 왜 슈와브라는 사람에게 연봉 1백만 달러, 즉 하루에 3천 달러가 넘는 많은 임금을 지불했을까? 그가 뛰어난 천재였기 때문일까? 아니면 제철 분야의 최고 권위자였기 때문일까? 둘 다 아니다. 슈와브는 철에 관한 한 자신의 부하 직원들이, 자기보다 훨씬 더 잘 알고 있다고 말한 적이 있다.

슈와브가 그렇게 많은 연봉을 받게 된 가장 큰 이유는, 그가 사람을 다루는 데 귀재였기 때문이다.

나는 그에게 '사람을 어떻게 다루느냐'고 물었다. 그러자 그는 다음에 소개하는 말을 나에게 가르쳐 주었다. 이건 하나의 명언이다. 동판에 새겨서 각 가정과 학교, 상점, 사무실 등의 벽에 걸어두면 인생의 큰 보탬이 될 것이다. 시험 문제 하나 더 맞추려고 영어단어나 원소 기호를 외우는 대신, 자신의 인생을 위해 다음의 말을 암기해 둘 필요가 있다.

"나에게는 사람의 열정을 불러일으키는 힘이 있다. 이것이 내게 는 무엇과도 바꿀 수 없는 가장 큰 보물이다. 상대의 장점을 잘 살리 기 위해서는, 칭찬하는 것과 격려하는 것이 가장 좋은 방법이다. 윗 사람으로부터 꾸중을 듣는 것만큼 애사심을 해치는 것도 없다. 나는 결코 사람을 비난하지 않는다. 나는 상대방이 최상의 능력을 발휘하 게 하려면 격려가 필요하다고 믿고 있다. 그래서 나는 남을 칭찬하 는 일은 좋아하지만, 비난하는 일은 매우 싫어한다. 잘하는 일이 있 으면 진심으로 아낌없이 칭찬하는 것, 이것이 바로 내가 사람을 다 루는 비결이다."

이것이 슈와브의 비결이다. 그런데 일반인들은 어떻게 하는가? 꼭 그의 비결과 반대로 하고 있다. 잘못한 일은 마구 비난하지만, 잘 한 일은 아무런 칭찬도 하지 않는다.

슈와브는 이렇게 잘라 말한다.

"나는 지금까지 세계 각국의 수많은 훌륭한 사람들과 사귀어 왔 으나, 아무리 지위가 높은 사람도 잔소리를 들으면서 일하는 것보다 는, 칭찬을 받으며 일할 때 일에 열정이 담겨 있을 뿐만 아니라 능률 도 크게 올랐다. 난 아직 한 번도 그 예외의 일은 본 적이 없다."

실은 이것이 앤드류 카네기가 성공한 비결이라고 슈와브는 말하고 있다. 카네기는 인생을 사는 동안 어느 경우든 남을 칭찬했다. 심지어 그는 죽어서까지 자기 묘비에 사람들을 칭찬하는 글을 남겼다. 그가 스스로 쓴 묘비명은 이렇다.

> 자기보다는 현명한 사람을 주변에 모으는 방법을 터득한 사람이 여기에 잠들다.

록펠러가 사람을 다루는 비결을 보면 진심으로 감사해야 한다는 생각이 절로 든다. 그에게는 다음과 같은 일화가 있다.

에드워드 베드포드라는 동업자가 있었다. 그런데 어느 날 베드포드는 남미에서 벌인 사업에 실패하여, 회사에 2백만 달러에 달하는 큰 손해를 입혔다. 이럴 경우 다른 사람 같으면 아마 크게 화를 냈을 것이다. 그러나 록펠러는 베드포드가 최선을 다했다는 사실을 누구보다 잘 알고 있었다. 그리고 그 무엇보다 사건은 이미 끝난 뒤였다.

그는 오히려 베드포드를 칭찬할 만한 일을 찾아내려고 애썼다. 그는 베드포드가 우여곡절 끝에 간신히 투자액의 60%를 회수하자, 매우 기뻐하며 다음과 같이 말했다.

"잘했어. 자네 공이 컸네. 이만큼 회수하다니 정말 대단하네. 이 정도 회수하는 것도 쉬운 일은 아니야."

몇 년 전에 집을 나간 주부들에 관한 연구가 있었다. 연구 과제 중 가장 중요시되었던 것이 바로 주부들이 집을 나가는 가장 큰 이유는 무엇이라고 생각하는가 였다.

주부들이 집을 나가는 가장 큰 이유는 바로 '칭찬의 부족' 이었다. 이것은 집을 나간 남편들의 경우도 마찬가지일 것이다. 많은 부부들이 배우자에게 고맙다는 말을 하지 않는 것을 너무나도 당연하게 생각하고 있다. 때로는 같은 성격의 일에 있어서도 다른 사람한테는 고맙다는 말을 잘 하면서도 자신의 배우자에게는 고맙다는 말은커녕 왜 그 정도밖에 못하느냐고 비난을 한다.

우리 연구 과제에 참석한 사람 가운데 한 사람이 자신의 부인이 요구한 것에 대해 이야기했다. 그의 부인은 교회에서 하고 있는 자기개발 프로그램에 다른 여자들과 함께 참여하고 있었다. 그녀는 남편에게 훌륭한 가정 주부가 되는 데 필요한 여섯 가지 요구사항을 써달라고 했다. 남편은 그 강좌에서 이렇게 말했다.

"나는 그런 요구사항을 하라는 것에 놀랐습니다. 사실 아내가 고쳐주었으면 하고 생각하고 있는 것을 여섯 가지 적는 것은 쉬운 일이었습니다. 그러나 반대로 아내도 내가 고쳐주었으면 하고 바라는 것이 수천 가지는 될 것 같았습니다. 그래서 아내에게 '생각할 시간이 필요하니 내일 아침까지 써 주겠소.' 라고 대답했습니다.

다음 날 아침, 나는 일찍 일어나서 꽃집에 전화를 걸었습니다. 붉은 장미 여섯 송이를 아내 앞으로 배달시켰습니다. 그리고 꽃다발에는 '당신이 훌륭한 가정 주부가 되는데 필요한 여섯 가지 사항은 아무리 생각해도 없는 것 같소. 나는 지금 그대로의 당신을 사랑하오.' 라는 카드를 꽂아달라고 했습니다.

그날 저녁 집에 돌아온 나에게 어떤 일이 일어났는지 아십니까? 바로 눈물을 가득 머금은 안내가 문밖까지 나와 나를 맞아주었습니다. 한 마디로 아내가 요구한 대로 비판을 하지 않은 것이 그런 결과를 가져다주었다고 생각합니다.

일요일 날, 교회에서 아내가 자신의 연구 과제에 대한 성과를 발표하자 아내와 함께 연구하고 있는 몇몇 여성들이 우리 집을 방문하였습니다.

"우리가 들은 것 중에 가장 사려 깊은 대답이었습니다."

그때 비로소 나는 '칭찬의 힘'이 얼마나 큰 것인지 깨닫게 되었습니다.


브로드웨이를 현혹시킨 유명한 흥행사인 플로렌츠 지그펠드는, 어떤 여자라도 날씬한 미인으로 만들어낼 줄 아는 뛰어난 수완으로 명성을 날렸다.

그는 사람들에게 거의 알려지지 않은 초라하고 볼품 없는 소녀를 찾아내 무대에 세우곤 했다. 그런데 어떤 소녀라도 그의 손을 거쳐 무대에 서기만 하면 신기하게도 매혹적인 모습으로 변했다. 상대를 칭찬하고 신뢰하는 게 어떤 가치를 지닌 것인지를 잘 알고 있던 그는, 친절과 사랑으로써 여자들에게 자기가 아름답다는 자신감을 갖게 해주었던 것이다.

행동파인 그는 합창대원의 임금을 주 30달러에서 175달러까지 인상해 주었다. 그리고 기사도를 발휘하여, 첫날 출연하는 여배우들에

게는 축전을 치고, 합창대원 전원에서 호화로운 꽃다발을 아낌없이
선사했던 것이다.


## 2. 모든 사람은 나의 스승이다


언젠가 나는 단순한 호기심 때문에 단식을 시도한 적이 있었다.
나는 6일 동안 아무것도 먹지 않고 지냈다. 그건 생각보다 그렇게
어려운 일은 아니었다.

하지만 우리가 만약 가족이나 고용인에게 6일 동안, 아무 이유 없
이 음식을 주지 않는다면, 우리는 그들의 굶주림에 대해 일종의 죄
책감을 느끼게 될 것이다. 다른 사람들의 육체적 굶주림에 대해선
죄책감을 느끼면서도, 그들의 정신적 굶주림에 대해선 6일 동안은
커녕, 6주 때로는 6년 동안 한 번도 충족시켜주지 않은 채, 죄책감조
차 느끼지 않고 내버려 두는 예가 우리 주위에는 널려 있다.

〈빈의 재회〉라는 유명한 연극에서 주연을 맡은 알프레드 런트는
이렇게 말했다.

"나에게 가장 필요한 영양소는 나를 높이 평가해 주는 말이다."

우리들은 자식이나 친구, 또는 고용인의 육체에는 영양을 주지
만, 그들의 정신에는 좀처럼 영양을 주지 않는다. 쇠고기나 감자를
먹여서 체력을 북돋워 주기는 하지만, 부드럽게 칭찬해 주는 것은
잊고 있다.

다정한 칭찬의 말은 밤을 밝혀주는 별이 연주하는 음악처럼, 살

아 있는 동안 항상 기억에 남아, 사람들의 마음에 따뜻한 양식이 되는 법이다.

하지만 이렇게 생각하는 사람도 있을 것이다.

'뭐라고? 당치도 않은 소리. 아첨을 하라고? 비위를 맞추라고? 칭찬을 늘어놓으라고? 그건 다 낡은 수법이야! 그건 웬만한 사람에겐 아무 소용도 없어! 사람만 우스워지지.'

물론 아첨은 분별 있는 사람에게는 통하지 않는다.

아첨이라는 것은 천박하고 이기적이며 성의가 없다. 그렇지만 굶어 죽기 직전에 처한 인간이 풀이나 벌레 등을 닥치는 대로 먹는 것처럼, 세상에는 무엇이든 닥치는 대로 집어삼킬 만큼 칭찬에 굶주린 사람들도 있다.

영국의 빅토리아 여왕도 아첨을 좋아했다. 당시의 재상 디즈레일리도 여왕에게 수시로 아첨을 했다고 스스로 고백하고 있다.

그는 '다리미로 다리듯이' 아첨을 했다고 하는데, 잘 알다시피 그는 영국의 역대 재상들 가운데서도 탁월한 사교의 천재였다.

물론 디즈레일리가 쓴 방법이 모든 사람들에게 맞는다고 볼 수는 없다. 아첨은 이익보다도 오히려 해를 초래하기 때문이다. 사실 아첨은 거짓말이다. 위조지폐나 마찬가지이기 때문에 언젠가는 그 거짓이 드러나고 만다.

그렇다면 아첨과 감사의 말은 어떻게 다른 것일까?

대답은 아주 간단하다. 아첨은 거짓이며, 감사는 진실이다. 아첨은 입에서 흘러나오지만, 감사는 마음속에서 흘러나온다. 아첨은 환영받지 못하지만, 감사는 환영받는다.

나는 최근 멕시코 시티의 차팔테팩 궁전을 방문했는데, 거기서 오브레곤 장군의 동상을 볼 수 있었다. 그 동상의 아래에 다음과 같은 장군의 신조가 새겨져 있었다.

'적보다도 아첨하는 친구를 두려워하라!'

나는 여러분에게 아첨을 권하고 있는 게 절대로 아니다. 내가 권하려고 하는 것은 바로 '새로운 생활법' 이다.

영국의 조지 5세는 버킹검 궁전의 서재에 6가지, 해서는 안 될 말을 걸어 놓았었다. 그중 하나가 '값싼 칭찬은 주지도 말고, 또 받지도 말라!' 라는 것이었다.

아첨은 바로 '값싼 칭찬' 이다. 또 아첨을 정의한 말 중에 다음과 같은 것이 있다.

'아첨이란 상대방이 자기 스스로에게 내린 평가에 꼭 들어맞는 말을 해주는 것이다.'

부디 이 말을 가슴에 새겨두도록 하라.

미국의 사상가 에머슨은 이렇게 충고하고 있다.

'인간은 아무리 좋은 말을 동원해도 본심을 속일 수는 없다'

만약 아첨으로 모든 일을 풀어나간다면 누구나 다 아첨하기를 좋아할 것이며, 세상은 온통 사람을 다루는 데 있어, 탁월한 재능을 지닌 꾼들로 가득 차게 될 것이다.

인간은 자신의 개인적인 문제에 마음을 빼앗기고 있을 때, 대부분 자신만 생각하며 살아간다.

그러나 잠시 자신의 일을 잊어버리고, 나와 다른 사람들의 장점을 찾아보면 어떨까? 타인의 장점을 알게 되면, 값싼 아첨 따위는 하지 않아도 될 것이다.

에머슨은 또 이렇게 말하고 있다.

'어떤 사람이든 나보다 뛰어난 점, 그러니까 내가 본받아야 할 점은 반드시 갖고 있다.'

에머슨 같은 위대한 사상가도 이러할진대, 하물며 우리 같은 평범한 사람들이 다른 사람에게서 배울 장점이 얼마나 많겠는가?

자신의 장점, 또는 욕구를 버리고 남의 장점을 보기 위해 노력하자. 그렇게 되면 아첨 따위는 전혀 쓸모없는 것이 돼 버릴 것이다. 거짓이 아닌 진심으로 칭찬을 하도록 하자. 슈와브처럼 진심으로 타인에게 아낌없는 칭찬을 해주자.

상대는 그것을 마음 깊이 간직하고 평생토록 잊어버리지 않을 것이다. 칭찬한 당신이 혹시 잊는다 해도, 칭찬을 받는 사람은 언제까지나 잊지 않고 소중히 간직할 것이다.

# 4. 상대방이
# 원하는 것을 주어라

One of these days is none of these days.
'언젠가라는 날'은 결코 오지 않는다.
Henry George Bohn(영국 출판업자)

## 1. 물고기를 낚는 상식을 잊지 마라

해마다 여름이 되면 나는 메인주로 낚시를 떠난다. 나는 크림과 딸기를 아주 좋아하는데, 그곳의 물고기는 지렁이를 유난히 좋아한다. 그래서 낚시를 갈 때, 나는 내가 좋아하는 크림과 딸기보다 물고기가 좋아하는 것을 생각한다. 드디어 낚시가 시작되면 지렁이를 바늘에 꿰어서 물고기에게 던져주며 '어서 드십시오'라고 한다.

사람을 낚는 경우에도 이 물고기를 낚는 상식을 이용하면 좋을 것이다. 영국의 수상 로이드 조지는 이 방법을 이용한 인물로 유명하다.

제1차 대전 중 그와 함께 활약한 연합국의 지도자 윌슨, 올랜도, 클레망소 등의 인물은 벌써부터 세상에서 잊혀진 존재가 되었지만,

유독 그 혼자만이 변함없는 권력을 유지했던 까닭은 그 나름대로 비결이 있기 때문이다. 그 비결을 묻자 그는 이렇게 말했다.

"낚싯바늘에는 물고기가 가장 좋아하는 것을 매달아두는 것이 최선의 요령이다."

나 혼자만 좋아하는 것은 되도록 잊어라.

자기 것만 중시하는 것은 철부지의 어리석은 생각이다. 물론 우리들은 자신이 좋아하는 것에 흥미를 갖게 마련이다. 하지만 그것은 자기 자신 외에는 아무도 흥미를 가져주지 않는다. 사람이란 누구도 자신이 원하는 것에만 관심을 두기 마련이기 때문이다.

그러므로 사람을 움직일 수 있는 유일한 방법은, 그 사람이 좋아하는 것을 찾아 그것을 그의 손에 넣는 방법을 가르쳐주는 것이다. 이 점을 잊어서는 사람을 다룰 수 없다.

만약 내 자녀들이 담배를 피우지 않게 하려면 어떤 방법이 좋을까? 이런 경우 설교는 전혀 쓸모가 없다. 부모의 희망을 말하는 것도 좋지 않다. 오히려 담배를 피우는 사람은 좋은 야구선수가 될 수 없고, 수영경기에서도 이길 수 없다는 것을 설명해 주는 것이 더 효과적이다.

이 방법을 터득하면, 아이들은 물론 송아지나 침팬지조차도 마음대로 움직일 수 있다.

하루는 에머슨과 그의 아들이 송아지를 외양간에 넣으려고 애를 쓰고 있었다. 그런데 에머슨 부자는 사소한 실수를 저지르고 말았다. 그들은 자신들의 입장에서 생각할 뿐, 다른 어떤 입장도 생각해 보지 않았던 것이다.

아들은 앞에서 송아지를 끌고 에머슨은 뒤에서 밀었다. 그러자 송아지는 네 발로 버티며 꼼짝도 하지 않았다. 그 모습을 보다 못한 아일랜드 출신의 가정부가 거들러 왔다. 그녀는 논문이나 책을 쓸 정도로 배우지는 못했지만, 적어도 이런 상황에서는 에머슨보다 똑똑했다.

말하자면 그녀는 송아지가 원하는 게 무엇인지 정확히 알고 있었다. 그녀는 자신의 손가락을 송아지의 입에 물렸다. 그리곤 그것을 빨게 하면서 천천히 송아지를 외양간 안으로 데리고 들어갔다.

사람의 행동은 무엇을 원하는 가에서부터 출발한다.

적십자사에 1백 달러를 기부하는 행위는 어떤가? 이것도 결코 이 법칙에서 벗어나 있지는 않다. 그런 행위를 한 까닭은 사람을 구제하고 싶기 때문이고, 아름다운 선행을 하고 싶기 때문이다. 가난한 형제를 돕는다는 것은 다시 말해, 하나님을 섬기는 일이나 마찬가지인 것이다.

아름다운 행위를 통해 느낄 수 있는 기쁨보다, 차라리 1백 달러로 무언가를 사는 게 좋을 거라는 사람은, 기부 같은 것은 하지 않을 것이다. 물론 마지못해, 또는 거절할 수 없는 누군가로부터 의뢰를 받았을 경우에는 예외일 수도 있다. 그러나 이런 경우에도 일단 기부를 한 이상, 뭔가 자신이 얻을 수 있는 반대 상황을 기대할 것이다.

미국의 심리학자 오버스트리트 교수의 명저 『인간의 행위를 지배하는 힘』에 다음과 같은 말이 있다.

인간의 행동은 마음속의 욕구에서 생긴다. 그러므로 사람을 움직이는 최선의 방법은 우선 상대의 마음속에 강한 욕구를 일으키게 하는 것이다. 사업, 가정, 학교, 정치, 어느 분야에서든 사람을 움직이고자 하는 사람은 이 사실을 잘 기억해 둘 필요가 있다. 이것을 할 수 있는 사람은 많은 사람들의 지지를 얻는 데 성공하고, 할 수 없는 사람은 한 사람의 지지자를 얻는 데도 실패할 것이다.

철강왕 앤드류 카네기도 처음에는 스코틀랜드의 가난한 청년에 지나지 않았다. 그런데 시간당 2센트의 급료를 받으며 일하던 그가, 나중에는 사회의 각 방면에 3억 6천 5백만 달러라는 엄청난 돈을 기부하는 대재벌로 성장하기에는 이른다.

그는 젊은 시절에 이미 사람을 다루려면 상대가 원하는 것을 파악해서 말해 주는 것이 가장 좋은 방법이라는 것을 깨닫고 있었다. 그는 정규교육이라고는 불과 4년밖에 받지 않았지만, 그 누구보다 사람 다루는 방법을 잘 알고 있었던 것이다.

그에게는 다음과 같은 일화가 있다.

카네기의 사촌 누이동생은 예일대학에 다니고 있는 두 자식들 때문에 앓아누울 만큼 걱정이 많았다.

온통 자기들 일에만 정신이 팔린 자식들이, 집으로 편지 한 통 보내지 않았기 때문이었다. 어머니가 아무리 편지를 보내도, 자식들의 답장은 언제나 감감무소식이었다.

그러자 카네기가 조카들에게 직접 편지를 썼다. 그런 후 답장이 오느냐 안 오느냐를 놓고, 사람들에게 100달러 내기를 하자고 제안했다. 마침 그러자는 이웃이 있어 그는 조카들에게 편지를 보냈다.

별다른 용건도 없는 두서 없이 쓴 편지였다. 다만 카네기는 추신에 '두 사람에게 5달러씩을 보내주마' 라고 썼다. 물론 그 돈은 동봉하지 않았다.

그러자 얼마 안 있어 조카들로부터 감사의 뜻이 담긴 답장이 도착하였다.

친애하는 숙부님, 편지 감사해요……

그다음의 문구는 여러분의 상상에 맡긴다.

당신이 만약 남을 설득시켜 무엇인가 하려고 한다면, 입을 열기에 앞서 당신 자신에게 다음과 같이 물어볼 필요가 있다.

'어떻게 하면 상대방으로 하여금, 그렇게 하고 싶은 생각이 일어나게 할 수 있을까?'

이런 생각을 한다면 남에게 불필요한 많은 말을 하지 않아도 될 것이다.

나는 세미나를 열기 위해 뉴욕에 있는 어느 호텔의 큰 홀을 매 시즌마다 20일 동안 임대했다. 물론 불필요한 낮 시간을 빼고 밤 시간에만.

그런데 세미나를 시작할 무렵 어느 날, 홀의 사용료를 종래의 세 배 가까이 올리겠다는 통지서를 호텔 측으로부터 받았다. 하지만 그 때는 이미 티켓의 인쇄가 끝나 예매가 이루어지고 있는 상태였다.

나로서는 당연히 호텔 측의 부당한 처사를 용납할 수가 없었다. 그러나 나는 내 의사를 그들에게 전달해 봐야, 아무런 소용이 없을 것이라고 판단했다.

호텔 측은 오직 자신들의 문제만을 생각하고 있을 것이기 때문이 었다. 그래서 한 이틀쯤 지난 뒤에 나는 그 호텔의 지배인을 만나러 갔다.

그리곤 이렇게 말했다.

"귀하의 통지를 받고 다소 놀랐습니다. 그러나 나는 당신을 원망 할 생각은 없습니다. 내가 당신의 입장이라도 아마 그와 같은 편지 를 썼을 것입니다. 지배인으로서는 가능한 한 호텔의 수익을 올리는 것이 임무일 테니까요. 만약 그것을 못 하는 지배인이라면 마땅히 면직을 당하겠지요. 그런데 이번의 사용료 인상 문제가 호텔 쪽에 어떤 이익과 손해를 초래할까요? 제가 오늘 귀하를 찾아온 까닭은 바로 그것을 알려주기 위해서입니다."

나는 종이를 꺼내 한가운데에 선을 긋고, '이익'과 '손해' 란을 만들었다. 그리곤 이익 란에 '큰 홀이 빈다.' 라고 써넣은 다음 얘기 를 이어 나갔다.

"나에게 20일 동안 밤마다 큰 홀을 내줘야 하니, 호텔로서는 큰 손실이 되겠지요. 넓은 홀을 댄스파티나 다른 집회 장소로 빌려준다면, 훨씬 많은 사용료를 받을 수가 있으므로 호텔 측은 이익이 더 클 것입니다. 그렇다면 다음은 호텔 측이 입을 손해에 대해서 생각해 봅시다. 우선 무엇보다 내가 지불하게 될 수입이 없어질 것입니다. 나는 당신이 요구하는 사용료를 지불할 수 없기 때문입니다. 그리고 또 한 가지 호텔 측에 손해가 되는 일이 있습니다. 아시다시피 내 세미나에는 지식인이나 문화인들이 수없이 모여듭니다. 나는 이것 하나만으로도 호텔을 위한 큰 광고가 될 거라고 생각합니다. 신문에 5천 달러짜리 광고를 해도, 내 세미나에 참가하는 사람들의 수만큼이 호텔을 찾는 사람은 없을 것입니다. 어떻습니까? 이것만으로도 호텔 측으로서는 매우 유리한 일이 아닙니까?"

여기까지 말한 나는, 그것을 요약해 종이에 적고 지배인에게 건네주었다.

"여기에 적힌 계산서를 보고 잘 생각하신 후에, 최종적인 답을 주십시오."

그 다음날, 나는 사용료의 세 배가 아닌 50%만 인상하겠다는 통지를 받았다.

이때 내가 내 쪽의 요구는 단 한 마디도 입에 담지 않았다는 사실에 유의하기 바란다. 나는 처음부터 끝까지 상대방의 요구에 관해서 얘기하고, 어떻게 하면 그 요구를 충족시킬 것인가에 대해서만 얘기했을 뿐이다.

가령 내가 지배인의 방으로 뛰어들어 다음과 같이 소리쳤다고 생각해 보자.

"여보게! 이제 와서 세 배로 값을 올린다는 것은 부당하지 않은
가? 티켓도 이미 다 인쇄되어 있는데… 그뿐인가? 광고도 이미 나간
후라네. 세상에 이런 법이 어디 있나?"

이럴 경우, 어떤 결과가 나타났을까? 서로 흥분한 상태에서의 결
과는 굳이 말하지 않아도 뻔한 일이다. 비록 내가 상대를 설득해서
잘못을 깨닫게 하더라도, 상대는 물러서지 않을 것이다. 자존심이
그걸 허락하지 않을 것이기 때문이다.

자동차 왕 헨리 포드가 인간관계에 대해 말한 명언이 있다.

"성공에 비결이 있다면, 그것은 상대방의 입장을 이해하고, 자기
입장과 상대방의 입장에서 동시에 사물을 볼 수 있는 능력이다."

실로 음미해 볼 만한 말이 아닌가? 이 말을 반드시 기억해 주기
바란다. 참으로 간단하고 알기 쉬운 이치지만, 그러면서도 대개의
경우 사람들은 그것을 지나쳐버리기 일쑤다.

그런 예는 얼마든지 있다.


## 2. 상대방의 입장을 이해하라

뉴욕의 한 은행에서 일하고 있는 바바라 앤더슨 여사는 큰 고민거
리가 생겼다. 아들의 건강이 좋지 않아 애리조나주 피닉스로 이사를
해야겠는데, 직장을 어떻게 옮겨야 할지 고민이었다. 그녀는 강좌에
서 배운 원칙들을 이용하여 피닉스에 있는 12개 은행에 다음과 같은

편지를 보냈다.

> 존경하는 은행장님께.
>
> 10년 동안 은행 실무를 쌓은 저의 경력이 귀 은행과 같이 급속도로 발전하는 회사에 도움이 될 것입니다.
>
> 뉴욕에 있는 뱅커즈 트러스트 회사에서 상당히 많은 은행 실무를 익혀 현재 지점장의 직책에 이르기까지 본인은 고객관리, 신용계, 대부계, 그리고 관리업무 등과 같은 실무의 제반 사항을 익혀왔습니다.
>
> 저는 피닉스로 5월 중이 주하게 되며, 귀 은행의 성장과 수익에 이바지할 수 있으리라 자부합니다. 4월 셋째 주일쯤 피닉스에 갈 때 제가 귀 은행에 얼마나 도움을 드릴 수 있는가에 대해 말씀드릴 기회를 주시면 대단히 감사하겠습니다.
>
> 그럼, 안녕히 계십시오.
>
> 바바라 L. 앤더슨 올림

앤더슨 여사가 받은 답장은 몇 통이나 되었을까? 12개 은행 중 11군데의 은행에서 그녀에게 인터뷰 요청을 했고, 앤더슨 여사는 이들 가운데 어느 은행을 선택해야 할지 고민해야 했다.

어떻게 이런 결과가 나왔을까?

그것은 그녀가 상대방이 자신을 위해 무엇을 해줄 것인가를 요구하지 않고 자신이 상대방을 위해 어떻게 도와줄 수 있는지와 그들의 요구사항에만 초점을 맞춘 편지를 썼기 때문이다.

오늘도 수천 명의 세일즈맨들이 충분한 성과도 얻지 못하고, 실망과 피로에 지쳐서 거리를 헤매고 있다. 왜냐하면 그들은 항상 자기가 원하는 것만을 생각하기 때문이다. 고객들은 별로 사고 싶은 생각이 없는데, 그들은 그 사실을 모르고 있다. 사람들은 정말 사고 싶은 것이 있으면, 스스로 그것을 구입하기 마련이다. 사람은 자기 문제를 해결함에 있어서는 언제나 적극적이기 때문이다.

그러므로 세일즈맨이 팔고자 하는 것이, 실생활에 도움이 된다는 게 증명만 되면 자진해서 그것을 구입한다. 따라서 세일즈맨은 강매할 필요가 전혀 없다. 손님이라는 존재는 사고 싶어서 사는 것은 좋아하지만, 강요당하는 듯한 인상을 받으며 구매 당하는 것은 원치 않는다.

그럼에도 불구하고 대다수의 세일즈맨들은, 손님의 입장에 서서 물건을 팔려고 하지 않는다.

한 가지 좋은 예가 있다.

내가 뉴욕 교외의 포리스트힐에 살고 있을 때의 일이다.

어느 날 정거장으로 급히 가는 도중에, 롱아일랜드에서 오랫동안 부동산 중개업을 하고 있는 사람을 만났다. 그 사람은 포리스트힐의 사정을 잘 알고 있었기 때문에, 나는 내가 살고 있는 집의 건축 재료에 대해 물어봤다. 그러자 그는 모른다고 대답하더니, 정원협회에 전화로 문의해 보라고 일러주었다.

그런데 그 다음날, 그로부터 한 통의 편지가 왔다. 혹시 어제 물어본 일에 대한 답변이 적혀 있을까? 궁금해 편지를 펴본 나는 그만 실망하고 말았다. 편지에는 그가 어제 했던 말 그대로 전화로 문의해 보라고 거듭 되풀이한 후, 나에게 보험에 가입해 달라고 부탁하고 있었다. 난 이미 정원협회에 전화해 내가 살고 있는 집의 건축 재료에 대해 문의하는 데 드는 시간이, 고작 1분 정도라는 사실을 잘 알고 있었다.

결국, 이 사나이는 편지를 통해, 나에게 도움을 주는 일에 하등의 흥미도 없다는 걸 스스로 실토한 셈이었다. 그는 오로지 그 자신의 일에만 관심이 있었던 것이다.

만약 이 사나이가 내게 도움이 되는 일에 관심을 가져다주었다면, 나는 아마 보험에 기꺼이 가입했을 것이다. 그런 마음 자세라면, 그는 어떤 일에서든 반드시 성공할 것이다.


지적인 직업에 종사하고 있는 사람도 위와 같은 실수를 저지른다.

나는 필라델피아에서 유명한 이비인후과 병원을 찾은 적이 있었다. 그런데 그 의사는 내 편도선을 보기도 전에 내 직업을 물어보았다. 말하자면 그는 편도선 증세보다 내 호주머니 사정에 관심이 더 있었던 것이다. 사람의 병을 고치는 것보다, 돈벌이에 더욱 흥미를 가지고 있었다는 얘기다.

세상에는 이러한 사리사욕에 눈먼 인간들이 들끓고 있다. 그러므로 남을 위해 봉사하고자 하는 소수의 사람에게 있어 세상은 기가 막히게 유리하다. 왜냐하면, 그들에게 경쟁자가 거의 없는 셈이기 때문이다.

"상대방의 입장에 설 수 있고, 상대방의 마음을 이해할 수 있는 사람은 미래를 걱정할 필요가 없다."

이것은 저명한 변호사이자 미국의 위대한 지도자인 오웬 영의 말이다.

이 책을 읽고, 상대의 입장에서 사물을 보고 생각하는 것만 배워도, 성공을 향한 첫 걸음은 이미 내디딘 것이나 다름없다.


대학에서 그 어려운 라틴어나 미적분을 배운 사람들도, 자기 자신의 마음의 움직임에 대해서는 전혀 모르는 경우가 많다.

언젠가 나는 뉴저지주 뉴와크에 있는 캐리어 냉·난방기 제조회사에 대화법에 대해 강의하러 간 적이 있었다.

수강자는 신입사원들뿐이었다. 강의가 막 끝나자마자 수강자 중 한 사람이 동료들을 향해 이렇게 말했다.

"왜 전부 농구를 안 하는 거야? 나는 농구가 하고 싶어서 몇 번이나 체육관에 갔었는데, 항상 인원이 부족해서 게임을 할 수가 없었어. 지난번에는 두세 명 밖에 없어서 할 수 없이 볼 던지기를 했어. 그러다가 볼에 얻어맞아서 혼이 났지. 내일 밤에는 꼭 나와줘. 나는 농구를 하고 싶어서 미칠 지경이라구."

그는 상대가 농구를 하고 싶어 하든 말든 그것에는 관심이 없었다. 아무도 가고 싶어하지 않기 때문에 체육관이 늘 비어 있다는 사실을 그는 모르고 있었던 것이다. 그가 아무리 농구를 하고 싶어 해도, 다른 사람이 하기 싫어하는데 뭘 어쩌겠는가? 더구나 일부러 체육관에 가서 볼에 얻어맞는 봉변을 당하고 싶은 사람이 어디 있겠는가?

그는 표현을 달리 할 수도 있었을 것이다.

농구를 하게 되면 힘이 난다든지, 식욕이 왕성해진다든지, 아주 재미있다든지 하는 등의 귀가 솔깃해질 만한 얘기를 해줄 수도 있었을 것이다.

여기서 오버스트리트 교수의 말을 거듭 되새겨보자.

"인간의 행동은 마음속의 욕구에서 생긴다. 그러므로 사람을 움직이는 최선의 방법은 우선 상대의 마음속에 강한 욕구를 일으키게 하는 것이다. 사업, 가정, 학교, 정치, 어느 분야에서든 사람을 움직이고자 하는 사람은, 이 사실을 잘 기억해 둘 필요가 있다. 이것을 할 수 있는 사람은 모든 사람의 지지를 얻는 데 성공하고, 할 수 없는 사람은 한 사람의 지지자를 얻는 데도 실패할 것이다."


내 세미나에 참가한 어떤 청강생의 이야기이다.

그는 항상 자신의 아이 일을 염려하고 있었다. 그 아이가 심한 편식을 하기 때문이었다. 야윈 아이에게 세상의 모든 부모가 그렇듯이, 그와 그의 아내 역시 아이를 나무라기만 했다.

"엄마는 네가 이걸 먹었으면 좋겠구나."

"아빠는 네가 건강한 사람이 돼 주길 원하고 있단다."

이런 말만 듣고 그 아이가 부모의 소망을 들어준다면, 오히려 그것이 더 이상스러운 일이 아닐까?

서른 살의 그가 생각하는 방식을 세 살짜리 아이에게 납득시키려고 하는 게 무리라는 것쯤은, 누구나 잘 알고 있을 것이다. 그럼에도 불구하고 그는 어리석게도 그렇게 하려고 했다. 그는 그게 바보 같은 짓이라는 걸 깨닫고, 이렇게 생각을 바꾸었다.

'도대체 저 아이가 가장 원하는 게 뭘까? 어떻게 하면 저 아이의 소원과 내 소원을 일치시킬 수 있을까?'

이렇게 생각을 바꾸자, 그는 의외로 해결책을 손쉽게 찾을 수 있었다고 한다.

세발자전거를 가지고 있는 아이는, 그걸 타고 집 앞의 아스팔트 위에서 노는 것을 좋아했다. 그런데 이웃에 사는 말썽꾸러기들이 세발자전거를 빼앗아 자기 것인 양 타고 다녔다. 자전거를 빼앗긴 아이는 울음보를 터뜨리며 엄마에게로 달려왔다. 엄마는 급히 뛰어나가 세발자전거를 도로 찾아오곤 했다.

이런 일이 거의 매일같이 되풀이되었다.

그렇다면 이 아이는 무엇을 가장 원하고 있을까?

셜록 홈즈를 들먹일 필요도 없이 조금만 생각해 보면, 이 아이가 무엇을 원하는지 즉시 알 수가 있다. 그들 부부는 아이의 자존심과 노여움을 알아냈다. 지금 시점에서 아이가 가장 원하는 것은 자기의 중요성, 즉 말썽꾸러기 악동들에게 언젠가는 앙갚음을 하겠다는 것이었다.

"엄마가 먹으라는 것을 먹기만 하면, 너는 곧 그 애보다 더 힘이 세어질 거야."

이 한 마디로 아이의 편식 문제는 그 날로 해소되고 말았다. 아이는 그 악동을 이기고 싶은 마음에 무엇이든지 잘 먹게 되었다.


"사람의 행동은 마음속의 욕구에서 생긴다. 이것을 할 수 있는 사람은 모든 사람의 지지를 얻는 데 성공하고, 할 수 없는 사람은 한 사람의 지지를 얻는 데도 실패할 것이다."

이 말을 반드시 기억해 두기 바란다.

## □ 사람을 다루는 4가지 원칙

1. 상대방의 장점을 찾아 칭찬하라.

2. 상대방이 중요한 존재임을 인식시켜라.

3. 상대방의 마음속에 강한 욕구를 불러 일으켜라.

4. 상대방이 원하는 것을 주어라.

# CHAPTER 2

# 사람의
# 호감을 사는
# 6가지 방법

## Six Principles to Win Heart of People

상대방에게 관심과 애정을 표현하라.

미소 띤 얼굴로 대하라.

상대방의 이름을 기억하고 친근하게 불러라.

이야기를 열심히 들어 주어라.

상대방의 관심에 화제의 초점을 맞춰라.

상대방의 중요성을 인정하고 칭찬하라.

세상 사람들은 모두 행복을 추구한다.
그런데 여기 그 행복을 찾아내는 방법이 한 가지 있다. 그것은 바로 자기
마음을 조정하는 것이다. 행복은 외적인 조건에 의하여 얻어지는 것이 아
니다. 오직 자기의 마음가짐 하나에 좌우되는 것이다.
행복과 불행은 재산, 지위, 혹은 직업 따위에 의해 결정되는 것이 아니다.
무엇을 행복으로 생각하고 불행으로 생각하느냐, 그 사고방식의 갈림길에
행복과 불행이 놓여 있다.

# 1. 관심과
# 애정을 표현하라

If you obey all the rules, you miss all the fun.
모든 규칙을 따르면 모든 즐거움을 놓치고 만다.
Katharine Houghton Hepburn(미국 여배우)

## 1. 성실한 자세로 상대방을 대하라

친구를 얻는 법을 배우기 위해서 책을 찾아 읽을 것까지는 없다. 어려운 말로 풀어놓은 책보다는 사람이 접근하면 꼬리를 흔들며 멈추어 서고, 어루만져 주면 좋아서 어쩔 줄 몰라 하는 강아지가 바로 그 방면에서는 우리의 스승이다. 개는 집이나 토지를 팔아 넘기려한다든가, 결혼해 달라는 등의 다른 속셈으로 애정의 표시를 하는 것이 아니다.

세상에서 무위도식으로 사는 동물은 개뿐이다. 닭은 달걀을 낳고, 소는 우유를 내고, 카나리아는 노래를 부르지만, 개는 오직 사람에게 애정을 바치는 것만으로도 살아갈 수 있다.

내가 다섯 살 때, 아버지가 노란 강아지를 한 마리 사 오셨다. 그 강아지의 존재는 당시의 나에게 있어서 다른 무엇과도 바꿀 수 없는 기쁨이며 행복이었다.

매일 오후 네 시 반쯤 되면, 강아지는 앞마당에 앉아서 맑은 눈동자로 가만히 집 안쪽을 쳐다보고 있었다. 그리곤 내 목소리가 들리거나, 혹은 밥통을 들고 있는 내 모습이 숲 사이로 보이기만 하면, 숨을 헐떡이며 총알처럼 달려와서는 기뻐 날뛰며 짖어대거나 꼬리를 치곤 했다.

그로부터 5년 동안, 강아지 디피는 내게 둘도 없는 친구였다. 그러던 어느 날, 디피는 10피트도 채 떨어지지 않은 내 눈앞에서 죽었다. 벼락을 맞았던 것이다. 디피의 죽음은 한평생 잊히지 않는 슬픔을 안겨주었다.

디피는 심리학책을 읽은 적도 없으며, 또 그럴 필요도 없었다. 상대방의 관심을 받으려고 하기보다는, 상대방에게 순수한 관심을 보여주는 게 훨씬 많은 사람을 얻는 지름길이라는 것을 본능적으로 알고 있었던 것이다.

되풀이해서 말하지만, 친구를 얻으려면 상대방의 관심을 끌려고 하기보다는, 상대방에게 순수한 관심을 보여주는 것이 더 중요하다.

그런데 세상에는 남의 관심을 받기 위해 말도 안 되는 노력을 계속 기울이면서도 잘못을 깨닫지 못하는 사람이 많다. 이런 방법으로는 아무리 노력해도 소용이 없다.

사람은 대체로 남의 일에는 그다지 관심을 갖지 않기 때문이다.

사람은 오직 자기 일에만 관심을 갖는다. 아침이나 낮이나 밤이나 또 그 언제나….

뉴욕의 전기 회사에서는 어떤 단어가 가장 많이 사용되고 있는지를 연구한 적이 있었다. 역시 가장 많이 사용되고 있는 단어는 '나'라는 말이었다. 5백 번의 통화에 무려 3천 9백 90번이나 '나'라는 말이 사용되었다.

여러 사람과 함께 찍은 사진을 볼 때, 우리는 가장 먼저 누구의 얼굴을 찾는가? 이 질문에 대해서는 굳이 대답할 필요가 없을 것이다.

자기가 남에게 관심을 가지고 있다고 생각하는 사람은, 다음의 질문에 대답해 주기 바란다.

"만약 오늘 밤 당신이 죽는다면, 몇 사람의 조문객이 장례식에 참석하겠는가?"

그리고 다음의 질문에도 대답해 주기 바란다.

"당신이 상대방에게 관심을 보이지 않는데도, 상대방이 당신에게 관심을 가질 수 있다고 생각하는가?"

단순히 남의 감탄을 자아냄으로써 관심을 불러일으키려 한다면, 결코 참다운 친구를 많이 만들 수 없을 것이다. 참다운 친구는 그렇게 만들어지는 것이 아니다.

세기의 영웅 나폴레옹도 그 방면에서는 실패한 사람이다.

조세핀과 헤어질 때 그는 이렇게 말했다.

"조세핀, 나는 세계 제일의 행운아지만, 내가 진실로 신뢰할 수 있는 사람은 당신 한 사람뿐이오."

그러나 조세핀이 그에게 있어서 과연 신뢰할 수 있는 인물이었을까? 역사가들은 매우 의심스러운 일이라고 하나같이 고개를 흔들 것이다.

빈의 유명한 심리학자 알프레트 아들러는 그의 저서에서 다음과 같이 말하고 있다.

남의 일에 관심을 갖지 않는 사람은 고난의 인생을 걸으며, 남에게 커다란 폐를 끼칠 뿐이다. 인간의 모든 실패는 그러한 사람들 사이에서 생겨난다.

심리학책은 세상에 많이 나와 있지만, 그 어느 것을 읽어도 이만큼 의미심장한 말은 좀처럼 찾기 힘들다. 이 말은 몇 번이고 되풀이해서 음미해 볼 만한 가치가 있는 명언이다.

나는 뉴욕 대학에서 단편소설을 쓰는 방법에 대한 강의를 들은 적이 있었다.

강사는 「고리야즈지」의 편집장이었다. 그는 매일 책상 위에 높이 쌓이는 수많은 원고들 중에서 어느 것을 집어들든 두세 문단만 읽어봐도, 그 작가가 남을 좋아하는지 어떤지를 바로 알아낼 수 있다고 단언했다.

그는 이렇게 말했다.

"작가가 사람을 좋아하지 않는다면, 세상 사람 역시 그 사람의 작품을 좋아하지 않을 것입니다."

이 편집장은 단편소설 쓰는 법을 강의하는 도중에, 두 번이나 강의를 중단하고 다음과 같이 말했다.

"설교 냄새가 나서 죄송스럽기는 하지만, 나는 목사 흉내를 내고 싶습니다. 만약 당신들이 소설가로서 성공하고 싶다면, 반드시 남에게 관심을 가질 필요가 있다는 것을 마음에 새겨두기 바랍니다."

소설을 쓰는데 남에 대한 관심이 필요하다면, 사람을 다루는 경우에는 어떨까? 아마 그 몇 배 이상은 더 필요할 거라고 생각하면 틀림없을 것이다.

마술가인 하워드 서스톤이 브로드웨이에 왔을 때, 나는 그를 방문한 적이 있었다. 그는 그야말로 세상이 다 아는 마술의 황제요, 40년 동안 세계 각지를 돌아다니며 관중을 열광시킨 인물이었다. 6천만 명 이상의 관중이 그의 마술을 보기 위해 입장료를 지불하고 공연을 관람했고, 그는 그 많은 공연을 통해 2백만 달러에 이르는 수입을 올렸다.

그에게 성공의 비결을 물어봤다.

그의 말에 의하면 학교 교육은 그의 성공에 아무런 관계가 없었다. 그는 소년 시절 집을 뛰쳐나와 부랑자가 되었다. 그리곤 공짜로 화물열차를 타고, 마른 덤불 속에서 잠을 자거나 문전 걸식을 하고 다녔다. 글자 공부는 화물열차 안에서 철도 광고를 보며 했다고 한다.

그렇다고 그가 마술에 대해 특별한 지식을 가지고 있었느냐 하면 그렇지도 않았다. 마술에 관한 서적이 산더미처럼 출판되어 있는 만큼, 마술에 대해 알고 있는 사람도 많이 있을 거라고 그는 생각했다. 그러나 그는 다른 사람이 흉내낼 수 없는 두 가지 재주를 가지고 있었다.

첫째는 관객을 매혹시키는 그의 사람 됨됨이였다.

그는 마술사로서 훌륭한 테크닉을 터득하고 있었다. 몸짓, 말씨, 얼굴 표정 등 세부적인 것에 이르기까지 실전에 나오기 전에 이미 충분한 훈련을 쌓았던 것이다.

둘째는 사람에 대해 진실한 관심을 가지고 있다는 점이었다. 그에 의하면 대부분의 마술사들은 관객을 보며, 마음속으로 이렇게 비웃는다고 한다.

'하하하… 얼빠진 사람들이 많이 왔군, 이런 사람들을 속이는 것은 식은 죽 먹기지.'

그러나 서스톤은 전혀 달랐다. 무대에 설 때, 그는 항상 다음과 같이 생각한다고 한다.

'나의 마술을 보기 위해 사람들이 이렇게 일부러 찾아왔으니, 얼마나 고마운 일인가? 저 사람들을 위해 최선의 연기를 보여주자.'

뿐만 아니라 서스톤은 무대에 설 때, 반드시 마음속으로 '나는 손님을 사랑한다' 라고 몇 번씩 되풀이한다고 했다.

그를 어리석고 우스꽝스러운 사람이라고 생각하는 독자가 있을지도 모른다. 그러나 당신이 그렇게 생각하는 이 방법이 바로 세계 제일의 마술사가 된 그의 성공 비결이다.

슈만 하잉 여사도 서스톤과 같은 이야기를 내게 들려주었다.

굶주림과 고통, 그 밖의 온갖 슬픔에 기진맥진한 그녀는 자기 자식과 더불어 자살을 기도한 일도 있었다. 그럼에도 불구하고 그녀는 끊임없이 노력한 끝에 세계적인 가수가 될 수 있었다. 그녀의 말에 따르면, 그녀의 성공 비결 역시 사람에 대한 강렬한 관심이었다.

루스벨트 대통령의 절대적인 인기의 비밀 역시 여기에 있었다. 하인들까지도 그를 흠모했을 정도였다. 흑인 요리사 제임스는 『요리사의 입장에서 본 시어도어 루스벨트』라는 책을 쓰기도 하였는데, 그 책에 다음과 같은 대목이 있다.

어느 날의 일이었다.

나의 아내가 대통령에게 딱따구리는 어떻게 생긴 새냐고 물어본 적이 있었다. 그때까지 아내는 딱따구리를 본 적이 없었다. 대통령은 내 아내에게 딱따구리에 대해 입이 닳도록 설명해 주었다.

그리고 나서 며칠 뒤, 우리 집에 전화가 걸려왔다. 우리는 오이스타베이에 있는 루스벨트 저택 안의 작은 집에 살고 있었다. 아내가 전화를 받자 수화기 저쪽의 인물이 이렇게 말했다.

"지금 마침 당신네 집 창밖에, 딱따구리 한 마리가 와 있으니 내다봐요."

대통령이 일부러 전화를 걸어 딱따구리를 볼 수 있게 해준 것이었다. 이 작은 에피소드는 대통령의 인품을 잘 나타내주는 일화 중의 하나이다.

대통령은 우리 집을 지나칠 때마다 우리가 있든 없든 '이봐, 애니! 이봐, 제임스!' 하고 친근하게 부르곤 했다.

고용인들이 이런 주인을 좋아하지 않을 이유는 없을 것이다.

어느 날, 루스벨트는 태프트 대통령 부부가 부재중일 때 백악관을 방문한 적이 있었다. 그런데 그는 그가 재임할 때부터 일하고 있던 고용인들의 이름을 한 사람도 빠짐없이 기억하고 있었다. 요리실에서 일하는 식모에게 친근한 목소리로 이름을 부르며 인사를 할 정도였다. 이것은 그가 아랫사람에게도 진심으로 호의를 갖고 있었다는 증거였다.

요리실에서 일하는 애리스에게 루스벨트는 이렇게 물었다.

"애리스, 지금도 옥수수빵을 굽고 있소?"

"물론이죠. 하지만 우리끼리 먹기 위해 이따금 구울 뿐이랍니다. 다른 분들은 아무도 드시지 않거든요."

그러자 루스벨트는 큰 소리로 말했다.

"진짜 음식 맛을 모르는군. 대통령을 만나면 한마디 해야겠어."

애리스가 요리한 옥수수빵 한 조각을 입에 넣고, 그것을 오물거리며 루스벨트는 밖으로 나갔다.

정원으로 나온 그는 정원사와 다른 일꾼들에게 친근한 목소리로 그들 하나 하나의 이름을 부르며 말을 걸었다.

일꾼들은 지금도 그때의 일을 기억하고 가끔 화제로 삼곤 한다. 특히 아이크 후버라는 사람은 기쁨의 눈물을 흘리면서 다음과 같이 말했다.

"최근 2년 동안 그렇게 즐거운 적은 없었습니다. 모두 그때의 즐거움은 돈으로도 바꿀 수 없다고 말한답니다.”

## 2. 친구가 필요하면 시간과 노력을 투자하라

찰스 W.엘리어트 박사가 대학 총장으로서 이름을 떨친 것도, 역시 남의 문제에 깊은 관심을 가지고 있었기 때문이다. 그는 약 40년 동안 하버드 대학의 총장으로 있었다.

어느 날, 그랜드라는 신입생이 50달러의 학자금을 융자받기 위해 총장실을 찾아갔다.

그랜드 학생은 그때의 상황을 이렇게 말했다.

허락을 받고는 감사하다는 인사를 하고 돌아서려 하자, 총장이 나를 불러 세웠다.

“음, 자네 잠깐 거기 앉게나.”

나는 무슨 일인가 싶어 조심스레 소파에 앉았다.

“자네, 자취한다고 했지?”

나는 갑작스런 물음에 당황했다. 총장은 계속 말을 이었다.

“음식을 골고루 배불리 먹을 수만 있다면 자취도 결코 해롭지는 않지. 나도 학생 시절에 자취한 경험이 있다네. 자네는 비프 로스트 라는 것을 만들어본 적이 있나? 쇠고기를 잘 볶기만 하면 맛있게 요리할 수 있다네.”

그리고 총장은 쇠고기를 부드럽고 연하게 요리하는 법과 그것을 먹는 법까지 자상하게 가르쳐 주었다.


　내 경험으로 볼 때 이쪽이 진심에서 우러나는 관심을 보이면, 상
대방은 아무리 바쁘더라도 호의를 보이며, 시간도 내주고, 또 협조
도 해주는 법이다.
　한 가지 예를 들어보자.
　오래 전, 내가 브루클린 예술과학학원에 다닐 때의 이야기이다.
그때 우리는 소설작법 강의를 계획한 적이 있었다.
　우리는 당신의 유명한 작가였던 캐서린 노이지, 하니 허스트, 아
이다 터벨, 앨버트 터빈, 루퍼트 휴즈 등으로부터 유익한 경험담을
듣고 싶었다. 그래서 우리는 '당신의 작품을 애독하고 있으며 직접
이야기를 듣고 성공의 비결을 알고 싶다'는 내용의 편지를 작가들
앞으로 보냈다.
　각각의 편지마다 약 150명의 수강생이 서명했다. 우리는 그들이
바빠서 강연 준비를 할 겨를이 없을 거라고 생각했다. 그래서 질문
사항을 작성해 그것을 함께 보냈다. 그런데 이 방법이 작가들의 마
음에 들었던 모양이었다. 대부분의 작가들은 우리를 위해 일부러 브
루클린까지 찾아와 주었다.
　나는 같은 방법으로 루스벨트 내각의 재무장관 레슬리 M. 쇼, 태
프트 내각의 법무장관 조지 워커샴, 프랭클린, 루스벨트 등 다수의
유명인에게 강의 교섭을 해서, 그들로 하여금 대화법에 대해 강의하
게 만들었다.

사람은 누구나 칭찬해 주는 사람을 좋아하는 법이다.

독일이 제1차 대전에서 패망했을 때, 세계에서 가장 미움을 받는 사람은 바로 독일의 황제였을 것이다. 그가 위태로운 목숨을 구하기 위해 폴란드로 망명할 무렵에는, 자신의 국민들조차도 그의 적이 된 상태였다. 세상 사람들은 그를 증오하고 경멸했다. 가장 가혹한 방법으로 그를 처형해도 부족하다고 생각할 정도였다.

이 격분의 소용돌이 속에서, 어떤 한 소년이 진정으로 찬미에 가득 찬 편지를 카이저 황제에게 보냈다.

누가 뭐라 해도 저는 언제까지나 폐하를 저의 황제로서 경애합니다.

이 편지를 읽은 카이저는 깊은 감동을 받았다. 그는 그 소년에게 꼭 한번 만나보고 싶다고 회답을 보냈다. 그러자 소년은 어머니와 함께 카이저를 방문하였다. 그리고 카이저는 그 소년의 어머니와 결혼을 하였다.

그 소년은 이 책을 읽을 필요가 없다. 그는 이미 사람을 움직이는 법을 터득하고 있기 때문이다.

친구를 만들고 싶으면 우선 남을 위해서 일해야 한다. 남을 위해서 자신의 시간과 노력을 바치라는 얘기다.

윈저 공이 황태자였을 무렵, 그는 남미를 여행할 계획을 세운 적이 있었다. 그는 언어소통의 불편을 해소하기 위해, 출발 몇 개월 전부터 스페인어를 공부했다.

남미에 간 윈저 공이 대단한 인기를 얻은 것은 어쩌면 당연한 결과였다.

오래전부터 나는 친구들의 생일을 알아내 기억하려고 애를 쓰고 있다. 나는 점성술 따위는 믿지 않는 사람이지만, '사람의 생년월일과 성격과 기질은 어떤 관계가 있을까?'라는 질문을 함으로써 자연스럽게 친구들의 생일을 알아내고 그것을 메모한다.

그리고 해마다 새해가 되면 캘린더에 그들의 생일을 기록해 준다. 이렇게 해두면 잊어버릴 염려가 없다.

그들은 거의 예외 없이 생일날 나에게 축전과 축하 편지를 받는다. 이것은 그들에게 매우 깊은 감동을 주는 대단히 효과적인 방법이다.

친구를 사귀고 싶으면 사람들을 성의 있는 태도로 대해야 한다. 전화가 걸려왔을 경우에도 성실한 마음가짐이 필요하며, 상대방의 전화를 받아 매우 기쁘다는 마음을 충분히 전달시킬 수 있어야 한다.

뉴욕 전화회사의 교환수들은 '번호를 말씀해 주세요'라는 말에 덧붙여 '안녕하십니까? 전화를 이용해 주셔서 감사합니다'라는 말을 곁들이는 훈련을 받고 있다.

이러한 방식이 과연 사업에 도움이 될까? 물론 도움이 된다. 그런 실례는 얼마든지 들 수 있다.

다음의 예만 보아도 이런 방식이 얼마나 큰 도움이 되는지 잘 알 수 있을 것이다.

　뉴욕의 어느 은행에 근무하고 있는 찰스 월터스는 어느 회사에 대한 기밀을 조사하라는 명령을 받았다.

　월터스는 문제 회사의 정보를 입수할 수 있는 인물을 알고 있었다. 그는 큰 회사의 사장이었는데, 월터스가 그의 회사를 찾아갔을 때 젊은 여비서가 사장실 문을 열고 하는 이야기를 우연히 듣게 됐다.

　"죄송해요, 사장님. 오늘은 아드님께 드릴 우표가 없어요."

　사장실로 들어간 월터스는 자신이 찾아온 용건을 말하고 여러 가지 질문을 했다.

　그러나 사장은 다른 이야기만 늘어놓을 뿐, 솔직한 대답을 회피하고 있었다. 월터스는 그로부터 정보를 얻어내는 일이 불가능하다고 판단했다. 그렇게 해서 그와의 짧은 면담은 아무런 소득도 없이 끝나고 말았다.

　사장실을 나서는데, 문득 여비서가 사장에게 했던 말이 생각났다.

　'아들이 우표를 수집한다고?'

　그와 동시에 월터스는 자신의 은행에서 외국 우표를 모으고 있다는 사실을 생각해 냈다.

　다음날 오후, 그는 다시 사장을 찾아갔다. 사장을 만난 월터스는 그의 아들을 위해 우표를 가져왔다고 말했다. 그는 전날과 달리 대단한 환영을 받았다. 사장이 국회의원에 출마한 후보라 해도, 난 그때처럼 친절한 환영은 받지 못했을 것이다.

사장은 우표를 손에 쥐고 소중한 듯이 바라보면서 계속해서 감탄의 말을 쏟아냈다.

"이것은 정말 내 아들의 마음에 들겠군. 이건 굉장하군! 값이 상당히 나가겠어."

그는 이미 우표에 정신이 팔려있었다.

월터스는 그와 30분가량 우표에 대한 얘기를 나누었다. 이윽고 사장은 월터스가 먼저 말을 꺼내기도 전에 자신이 알고 있는 정보를 모두 가르쳐주었다. 뿐만 아니라 부하 직원을 불러 미흡한 점을 묻기도 했다.

이리하여 월터스는 1백% 이상의 목적을 달성했다. 신문기자로 치면 특종감을 잡은 것이나 마찬가지였다.


한 가지 예를 더 들어보자.

필라델피아에 살고 있는 C. M. 나훌이라는 사람은 어떤 대형 체인 스토어에 연료를 공급하기 위해 온갖 애를 쓰고 있었다.

그러나 그 체인 스토어에서는 연료를 시외의 업자로부터 구매하고 있었다.

거의 매일같이 연료를 실은 트럭이 나훌의 점포 앞을 보란 듯이 지나갔다.

어느 날, 내 세미나에 출석한 나훌은 체인 스토어에 대한 평소의 불만을 터뜨리면서, 체인 스토어는 시민의 적이라고 비난하였다. 하지만 그렇다고 해서 그가 판로 개척의 뜻을 단념한 것은 아니었다.

나는 다른 방법을 써보는 게 어떻겠느냐고 그에게 제안했다. 간단하게 그 사건의 전말을 이야기하면 다음과 같다.

우리는 바로 세미나 토론의 주제로 '체인 스토어의 보급은 국가적으로 과연 해로운가?' 라는 문제를 채택했다.

나훌은 나의 권유로 체인 스토어의 변호를 맡았다. 그는 평소 눈엣가시처럼 여겼던 체인 스토어의 중역을 찾아갔다.

"오늘은 연료를 팔려고 온 게 아닙니다."

그는 이렇게 전제한 뒤, 세미나의 주제를 얘기한 후 자신이 세미나에서 체인 스토어의 변호를 맡게 되었으니 도와달라고 부탁했다.

"그래서 체인 스토어에 대해 당신의 의견을 듣고 싶습니다. 그 점에 관해서는 당신보다 적당한 사람은 없을 것입니다. 토론회에서 질수야 없지 않겠습니까? 부디 많은 협조 바랍니다."

그 다음의 이야기는 나훌 자신의 말을 직접 들어보자.


시간이 없다던 그는 내 이야기를 듣자마자 반색을 하더니, 자그마치 한 시간 반이 넘도록 체인 스토어에 대해 설명해 주었다.

그는 체인 스토어에 관한 책을 펴낸 적이 있는 다른 중역을 불러, 그의 의견을 함께 듣기도 했다. 중역은 체인 스토어가 인류를 위해 참다운 봉사를 하고 있다고 믿으며, 자기의 일에 자부심을 갖고 있다고 말했다. 이야기를 듣고 있는 동안 그의 눈은 빛났다.

용건을 마치고 돌아가려 하자, 그는 나의 어깨에 손을 얹고 문 앞까지 배웅을 나왔다. 그리고 토론회에서 이기기를 진심으로 바라며, 그 결과를 반드시 얘기해 주기 바란다고 덧붙였다.

"봄이 되면 당신네 연료를 주문하도록 하겠소."

이것이 헤어질 때 그가 한 말이었다.

그때 나는 마치 기적을 본 듯한 생각이 들었다. 나는 아무 말도 하지 않았는데, 그쪽에서 먼저 구매 의사를 밝혔다. 10년이 걸려도 할 수 없을 것만 같던 일을 한 시간 반 만에 해치울 수 있었다.

물론 그때 나홀이 특별히 새로운 진리를 발견한 것은 아니었다. 이미 기원전 1세기 전에 로마의 시인 파브리아스 시라스는 다음과 같이 말한 적이 있다.

"우리는 자기에게 관심을 보여주는 사람에게 관심을 보인다."

# 2. 미소 띤
# 얼굴로 대하라

### 1. 미소 띤 얼굴을 잃지 마라

오래 전, 나는 뉴욕에서 열린 어느 만찬회에 초대받은 적이 있었다. 만찬회에 참석한 손님 중에는 막대한 유산을 상속받은 부인이 있었는데, 그녀는 어떻게 해서든지 다른 모든 사람에게 좋은 인상을 심어주고 싶어 했다.

그녀의 몸은 호화로운 흑표범 모피와 다이아몬드, 진주 등으로 장식되어 있었으나 얼굴에 드러난 본심은 감출 수 없었다. 그녀의 얼굴에는 심술과 자만심이 뚜렷하게 나타나 있었던 것이다.

몸에 걸친 의상보다 얼굴에 나타난 표정이, 여성에게 얼마나 중요한지를 그녀는 알지 못했다.(아내가 모피를 사달라고 바가지를 긁을 때를 대비해, 이 사실을 기억해 두기 바란다.)

모든 규칙을 따르면,

모든 즐거움을 놓치고 만다.

찰스 슈와프는 자기의 미소는 1백만 달러의 가치가 있다고 말 한 적이 있지만, 이는 그 자신의 미소를 너무 겸손하게 평가한 말이다. 온갖 고통을 극복한 그의 성공은 오로지 그의 인품, 매력 그리고 남에게 호감을 사는 능력으로 인하여 얻은 것이다. 특히 그의 매혹적인 미소는 그의 인품을 이루는 가장 훌륭한 요소였다.

언젠가 나는 모리스 슈발리에와 함께 지낸 적이 있었는데, 그때 나는 솔직히 말해 아주 아주 실망하였다.

그는 성미가 까다로운 무뚝뚝한 남자로서, 내가 상상하던 그의 이미지와는 엄청난 차이가 있었다. 적어도 그가 미소를 짓기 전까지는 그렇게 느꼈다. 그런데 그가 한 번 미소를 짓자, 마치 구름에 가려졌던 태양이 갑자기 빛을 발하는 것 같았다.

만약 그에게 사람을 휘어잡는 그 미소가 없었다면, 그는 지금도 파리의 뒷골목에서 부친의 가업을 이어받아 가구점 직공으로 일하고 있을 것이었다.

동작은 말 이상의 웅변이다. 미소 역시 그렇다. 미소는 다음과 같은 말을 대신하는 표현이다.

"나는 당신을 좋아해요. 당신 덕분에 얼마나 즐거운지 모르겠습니다. 당신을 만나 뵙게 돼 정말 기뻐요."

개가 귀여움을 받는 이유도 여기에 있다. 개는 주인을 보면 기뻐서 어쩔 줄을 모른다. 그래서 주인도 개를 귀엽게 여기는 것이다.

마음에도 없는 미소에 속을 사람은 아무도 없다. 그런 기계적인 미소에는 오히려 화가 치민다. 나는 지금 참다운 미소, 즉 마음을 느굿하게 만드는 미소, 마음속에서 우러나오는 미소, 천금의 가치를 가진 미소에 대해 말하고 있는 중이다.

뉴욕의 어느 커다란 백화점 노무주임의 이야기에 따르면, 점원으로 적합한 인물은 진지한 얼굴을 한 대학원 출신의 아가씨보다, 오히려 사랑스러운 미소를 지닌 아가씨(그녀가 초등학교도 제대로 졸업하지 못했다 할지라도)가 낫다고 한다.

미국 굴지의 고무회사 사장은 '일이 재미있어 못 견딜 정도가 아니면 좀처럼 성공할 수 없다'고 말한다. 그는 '근면은 희망의 문을 여는 유일한 열쇠'라는 낡은 격언을 그다지 신용하고 있지 않은 모양이었다. 그는 이렇게 말했다.

"마치 술에 취해 떠들썩하게 노는 것처럼 일을 즐기고, 그렇게 해서 성공한 사람을 나는 몇 명 알고 있다. 만약 그런 사람이 착실한 방법으로 일을 한다면, 일이 잘 풀리지 않고 결국에는 일에 흥미를 못 느껴 실패하고 말 것이다."

자기와 교제하는 상대방이 즐거워하기를 바라는 사람은, 우선 자기가 즐거워할 줄 알아야 한다.

나는 많은 경영자에게 눈을 뜨고 있을 동안, 매시간 한 번씩 누군가를 향해 미소짓는 일을 일주일 내내 계속하고, 그 결과를 내 세미나에서 발표하도록 제안한 적이 있었다.

그것이 어떤 효과를 나타냈는지 한 가지 예를 들어보자.

여기에 소개하는 것은 뉴욕 주식시장의 중개인 윌리엄 B.스타인하트의 수기이다.

나는 결혼한 지 18년이 넘었지만, 아침에 일어나서 출근할 때까지 아내에게 미소를 짓는다거나, 다정스러운 말을 건넨 적이 한 번도 없는 무뚝뚝한 성격의 소유자입니다. 그런 내가 카네기 선생이 시킨 대로 일주일 동안 미소를 짓기로 마음먹었습니다.

첫째 날 아침, 머리를 손질하면서 나는 거울에 비친 통명스러운 내 얼굴을 보고 나 자신에게 타일렀죠.

'여보게 빌, 오늘은 그 통명스러운 표정을 버리고 미소를 한 번 지어보게나. 자, 어서!'

이윽고 식탁에 앉은 나는 아내에게 '안녕!' 하고 말하면서 빙긋 웃어 보였습니다. 상대가 깜짝 놀랄지도 모른다는 카네기 선생의 말대로, 아내는 심한 쇼크를 받은 모양이었습니다. 노란 눈을 하고 있는 아내에게 나는, 오늘부터는 매일 아침 미소를 지을 테니 그렇게 알라고 말해 주었습니다.

아내는 믿지 못하겠다는 표정을 지었지만, 그 후 우리 가정에는 일찍이 경험한 적이 없는 커다란 행복이 찾아왔습니다.

2개월이 지난 지금도 나는 매일 아침 출근할 때마다, 아파트의 엘리베이터 걸과 수위 아저씨에게 미소를 지으며 '안녕!' 하고 인사를 합니다. 지하철 매표구에서 거스름돈을 받을 때도 역시 미소를 짓습니다. 증권거래소에서도 마찬가집니다.

그러자 모든 사람이 나에게 미소로 답을 하더군요. 투정이나 불만 따위를 늘어놓는 사람에게도, 나는 밝은 미소를 잃지 않았습니다. 상대의 주장에 귀를 기울이며 미소를 잃지 않으면, 문제 해결도 훨씬 쉬워지더군요. 미소 덕분에 내 수입은 더 많이 늘었습니다.

나는 어떤 중개인과 공동으로 사무실을 사용하고 있는데, 미소의 효력에 대해 확신을 가진 나는, 그에게 인간관계에 관한 내 새로운 철학을 얘기하기도 했습니다. 그러자 그는 나를 처음 보았을 때 몹시 퉁명한 사람일 거라고 생각했는데, 최근에는 아주 달리 생각하게 되었다고 솔직하게 얘기해 주었습니다. 그의 말에 따르면, 내 미소에는 인정미가 넘친다고 합니다.

또한, 나는 남의 험담하지 않기로 했습니다. 험담하는 대신 칭찬을 하기로 했거든요. 그리고 내가 원하는 것을 요구하기 전에, 우선 상대방의 입장에서 생각하려고 노력했습니다. 그렇게 되자, 내 생활은 말 그대로 혁명적인 변화가 일어났습니다. 나는 예전과 전혀 다른 사람이 되었습니다. 나는 한 인간으로서 더 이상의 행복을 바랄 수는 없다고 생각합니다.

## 2. 행복하려고 노력하는 사람만이 행복할 수 있다.

이 수기를 쓴 인물이 뉴욕의 증권시장 중개인이라는 점에 유의해 주기 바란다. 뉴욕의 증권시장 중개인 1백 명 중 99명은 실패를 한다. 그 위험한 거래에서 성공을 거둔 유능한 인물이 쓴 글인 만큼 시사하는 바가 크리라 생각된다.

미소를 보이고 싶지 않을 경우에는 어떻게 하면 될까?

방법은 두 가지가 있다.

첫째는 무리해서라도 웃어 보이는 것이고, 둘째는 혼자 있을 때에 휘파람을 불거나 콧노래를 부름으로써, 늘 행복하고 유쾌한 기분을 유지하는 것이다.

하버드 대학의 교수였던 윌리엄 제임스의 주장을 들어보자.

"행동은 감정에 좌우되는 것으로 생각하지만, 실은 행동과 감정은 병행한다. 행동은 의지력을 통해 직접 통제할 수 있지만, 감정은 그렇지가 못하다. 그런데 감정은 행동을 조정함으로써 간접적으로 조정할 수가 있다. 따라서 쾌활함을 상실하였을 경우, 그것을 되찾는 최선의 방법은 그야말로 쾌활한 듯 행동하고, 쾌활한 듯 지껄이는 것이다…."

세상 사람들은 모두 행복을 추구한다.

그런데 여기 그 행복을 찾아내는 방법이 한 가지 있다. 그것은 바로 자기 마음을 조정하는 것이다. 행복은 외적인 조건에 의하여 얻어지는 것이 아니다. 오직 자기의 마음가짐 하나에 좌우되는 것이다.

행복과 불행은 재산, 지위, 혹은 직업 따위에 의해 결정되는 것이 아니다. 무엇을 행복으로 생각하고 불행으로 생각하느냐, 그 사고방식의 갈림길에 행복과 불행이 놓여 있다.

가령 같은 장소에서 같은 일을 하고 있는 사람이 둘 있다고 하자. 그런데도 한쪽은 불행하다고 느끼고, 한쪽은 행복하다고 느끼는 경우가 더러 있다. 그것은 두 사람의 마음가짐이 서로 다르기 때문이다.

나는 중국을 여행할 때, 불과 7%의 임금을 받고 온종일 땀을 흘리며 일하는 짐꾼들 가운데, 행복한 얼굴을 가진 사람이 많다는 걸 보고 놀란 적이 있다. 뉴욕의 번화가인 파크 애버뉴에서도 그보다 더 행복한 표정을 찾아보기는 힘들 것이다.

"본래 사물 자체에는 선악이 없다. 다만 우리들의 생각 여하에 따라, 선과 악이 구별될 뿐이다."

이는 셰익스피어의 말이다.

"대개의 사람들은 행복해지고자 하는 욕구가 강할 때 행복하게 된다."

이는 링컨의 말인데, 과연 명언이지 않은가?

나는 이 말을 뒷받침할 만한 실례를 목격한 적이 있다.

내가 뉴욕의 롱아일랜드 역 계단을 오르고 있을 때였다.

다리가 불편한 30~40명의 아이들이 목발에 의존해서 간신히 계단을 오르고 있었다. 보호자의 손에 아예 매달리다시피 걸어가는 아이도 있었다. 그런데 그 아이들의 표정은 하나같이 해맑았다.

나는 보호자 중 한 사람에게 아이들이 그처럼 명랑한 까닭을 물어보았다. 그러자 그는 이렇게 대답했다.

"한평생을 불구로 지내야 한다는 것을 알게 되면, 아이들은 굉장한 쇼크를 받습니다. 그러나 나중에 대부분의 아이들은 자신의 운명을 받아들이고, 보통 아이들보다 오히려 쾌활해집니다."

나는 아이들에게 절로 머리가 수그러졌다. 그들은 내게 평생 잊을 수 없는 교훈을 던져주었다.

　세인트루이스 카리날즈의 3루수였고, 현재는 미국 굴지의 보험회사 세일즈맨으로 성공한 프랭클린 베드가는, 미소를 잃지 않는 사람은 항상 환영받는다는 진리를 깨달은 사람이었다.

　고객의 집을 방문하기에 앞서 그는 반드시 문 앞에 멈추어 서서는, 자기가 감사해야 할 여러 가지 일들을 생각해 내고 미소를 지었다. 그리곤 그 미소의 여운이 사라지기 전에 노크를 하고 고객을 만났다. 그가 보험 세일즈맨으로서 대성공을 거둔 것은, 바로 이 간단한 테크닉 덕분이었다.

　다음에 인용하는 알버트 하버드의 말을 잘 읽어주기 바란다.

　그러나 읽는 것만으로는 아무런 소용이 없다. 반드시 실행하도록 하라.

　"집에서 나올 때는 항상 턱을 당기고, 머리를 반듯하게 세워 가능한 한 크게 호흡을 할 것. 친구에게는 웃는 얼굴로 대하고, 악수를 할 때는 정성을 쏟는다. 혹시 오해받을지도 모른다는 염려는 하지 마라. 경쟁자의 일에도 마음을 쓰지 마라. 마음속으로 하고 싶은 일은 분명히 다진다. 그리고 똑바로 목표를 향하여 돌진한다. 항상 크고 훌륭한 일을 성취하고야 말겠다는 다짐을 하라. 그러면 어느 순간 목적 달성의 기회가 다가왔음을 느끼게 될 것이다. 이는 마치 산호들이 조류로부터 영양분을 섭취하는 것과 같다. 또 항상 유능하고 남의 귀감이 되는 인물이 되겠다는 마음을 간직하라. 그러면 점차 그러한 인물이 되어갈 것이다. 마음의 움직임은 기묘하다. 올바른 정신은 뛰어난 창조력을 갖고 있게 마련이다. 모든 일은 소망에서 비롯되고, 진심에서 우러나온 소원은 마음먹은 대로 모두 이루어진다. 턱을 잡아당기고 머리를 반듯하게 세우자. 신이 되기 위한 첫 단계, 그것이 바로 인간이다."

예로부터 중국인들은 현명하기도 했지만 처세에도 아주 능숙했다. 그들의 격언에 다음과 같은 것이 있다.

'미소를 지을 줄 모르는 인간은 장사꾼이 될 수 없다.'

프랭크 어빙 플래처는 오팬하임 코린즈 회사의 광고 문안에서 다음과 같은 평범한 철학을 제시하고 있다.


크리스마스의 미소

밑천은 필요 없습니다.

그러나 이익은 엄청나게 큽니다.

아무리 베풀어도 줄지 않고, 베풀수록 풍요로워집니다.

한순간만 보아도 그 기억은 영원히 간직할 수 있습니다.

어떤 부자도 이것 없이는 살 수 없으며,

물질적으로 아무리 가난해도 이것으로 인하여 풍요로워집니다.

가정에는 행복을, 사업에는 신뢰를 줍니다.

우정의 신호…

피곤한 사람에겐 휴식이 되고,

실의에 빠진 사람에겐 빛이 되며,

슬퍼하는 사람에겐 태양이 되고,

괴로워하는 사람에게는 해독제가 됩니다.

돈을 주고 살 수도, 강요할 수도, 빌릴 수도, 훔칠 수도 없습니다.

무상으로 주어야 비로소 가치가 있습니다.


크리스마스 세일로 피곤에 지친 직원 중에 혹시 이것을 보이지 않
는 직원이 있다면 죄송하지만 손님이 먼저 미소를 보여주십시오.

미소 띤 얼굴을 가졌던 사람만큼 미소를 필요로 하는 사람은 없을
것입니다.

# 3. 상대방의 이름을 기억하고
# 친근하게 불러라

A wise man will make more opportunities than he finds.
현자는 기회를 찾기보다는 스스로 기회를 만든다.
Francis Bacon(영국의 철학자)

## 1. 상대방의 이름을 기억하라

1898년 뉴욕주 오클랜드의 한 작은 마을에서 불행한 사건이 발생했다. 불의의 사고로 한 사나이가 죽었던 것이다. 그는 아내와 세 명의 아들 그리고 약간의 보험금을 남겨놓고 세상을 떠났다.

그래서 장남인 짐 팔리는 열 살의 어린 나이에 기와공장에 품팔이를 나가야만 했다. 모래를 짓이겨 나무틀에 넣은 다음, 그것을 나란히 세워놓고 햇볕에 말리는 것이 그의 일이었다.

짐에게는 학교에 다닐 여가가 없었다. 그러나 아일랜드인 특유의 쾌활함을 지니고 있던 그는 누구에게나 호감을 샀다.

성장한 그는 정계에 진출했다. 그때부터 그는 사람의 이름을 잘 외우는 그만의 특이한 능력을 발휘하기 시작했다.

고등학교 문턱에도 가본 적이 없는 그는, 46세 무렵 네 군데의 대학에서 학위를 받았고, 민주당 전국위원장과 체신장관을 역임했다.

언젠가 나는 짐을 만난 자리에서 그의 성공 비결을 물어본 적이 있었다.

"그야 물론 근면이지요."

"설마 그것만은 아니겠지요?"

내가 되묻자 그가 반문했다.

"그럼 당신은 내 성공의 비결이 무엇이라고 생각하십니까?"

"그야 당신의 특출 난 재능 때문이겠지요. 당신은 무려 1만 명이나 되는 사람의 이름을 기억한다고 들었습니다만….."

그러자 그는 즉각 나의 말을 정정하였다.

"1만 명 이라구요? 아니, 5만 명입니다."

짐은 석고회사의 세일즈맨으로 근무할 때와 스토니 포인트의 관청에 근무하고 있을 때, 사람의 이름을 기억하는 방법을 연구해냈다.

그 방법은 처음에는 지극히 간단한 것이었다. 먼저 초면인 사람에게 성명, 가족관계, 직업, 그리고 정치적 식견 등을 묻고 그것을 머리 속에 기억해 두었다. 그러면 그는 그 사람을 다음에 만났을 때, 비록 그것이 1년 후일지라도 그 사람의 어깨를 두드리며 아내와 아이들의 얘기를 묻거나, 정원에 심어져 있는 나무 이야기까지 할 수가 있었다. 그의 지지자가 늘어나게 된 것은 어쩌면 당연한 일이었다.

루스벨트가 대통령이 되는 데에는, 짐의 이러한 능력이 큰 도움이 되었다.

루스벨트가 대통령 선거에 출마하기 수개월 전부터 짐은 서부 및 서북부 사람들 앞으로 매일 수백 통의 편지를 보냈다.

이어서 그는 기차를 타고 19일 동안 20여 주를 돌았다. 마차, 기차, 자동차, 작은 배 등 거의 모든 교통편을 이용해, 총 1만 2천 마일을 여행했던 것이다. 마을에 도착하면 그는 바로 그 마을 사람들과 식사와 차를 함께 나누고 마음을 털어놓았다. 그리고 그것이 끝나면 또 다음 마을로 향했다.

동부로 돌아온 그는 자기가 돌고 온 마을의 대표자들에게 편지를 보내, 모임에 모인 사람들의 명단을 보내줄 것을 부탁했다. 이리하여 그의 손에 들어온 이름의 수는 수만 명에 달했다. 명단에 실린 사람은 어느 한 사람 빠짐없이, 민주당 전국위원장인 짐으로부터 친절함이 넘치는 편지를 받았다. 그의 편지는 친숙한 벗들 사이에 오가는 우정이 듬뿍 담겨 있었다.

사람들은 남의 이름 따위에는 전혀 관심을 두지 않지만, 자기 이름에는 그렇지 않다는 것을 짐은 일찍부터 알고 있었다.

상대의 이름을 기억하고 불러주는 게, 부질없는 아첨보다 몇 배의 효과를 낼 수 있다. 거꾸로 상대의 이름을 잊어버리거나 틀리게 쓰면 기분을 상하게 한다.

예전에 파리에서 웅변술 세미나를 열었을 때, 나는 영어가 서툰 프랑스인 타이피스트에게 주소를 쓰게 해, 미국인에게 안내장을 보낸 적이 있었다. 그 바람에 이름의 철자가 틀려, 나는 미국은행 파리 지점장으로부터 엄중한 항의를 받은 적이 있다.

그러면 앤드류 카네기의 성공 비결은 무엇인가?

카네기는 철강왕으로 불리고 있으나 그 자신은 제강에 관해서는 거의 아는 바가 없었다. 그는 철강왕보다도 철강에 대해 훨씬 더 많이 알고 있는 수백 명의 사람을 고용하고 있었다. 그리고 그는 그 사람들을 다루는 방법을 잘 알고 있었다. 그것이 바로 그를 철강왕으로 만든 것이다.

그는 어릴 때부터 사람을 조직하고 통솔하는 재능을 보여주었다. 그는 열 살 때 이미 인간은 자기의 이름에 예사롭지 않은 관심을 보인다는 사실을 알고, 그것을 이용해 남의 협력을 구한 적이 있었다.

다음은 스코틀랜드에서의 그의 소년 시절 이야기이다.

어느 날 그가 토끼를 잡았다. 그런데 공교롭게도 그 토끼는 새끼를 배고 있었다. 얼마 지나지 않아 수많은 새끼토끼가 작은 토끼 집에 가득 찼다. 자연 먹이가 모자랐다.

그때 그는 기발한 생각을 떠올렸다. 그는 이웃 아이들에게 토끼 풀을 많이 뜯어온 아이의 이름을 토끼에게 붙여주겠다고 약속했다. 물론 그의 계획은 어김없이 들어맞았다.

카네기는 이때의 일을 결코 잊지 않았다. 그는 후일 이러한 인간의 심리를 사업에 응용하여 거대한 부를 얻을 수 있었다. 그에게는 또 다음과 같은 일화가 있다.

그는 펜실베이니아 철도회사에 레일을 팔고 싶었다. 당시 그 철도회사의 사장은 에드거 톰슨이라는 사람이었는데, 카네기는 피츠버그에 거대한 제철공장을 세운 다음 그 공장의 이름을 '에드거 톰슨 제철소' 라고 명명하였다.

이 정도 되면 펜실베이니아 철도회사가 레일을 어디서 구입했는지 알 수 있을 것이다.

조지 풀맨과 침대차의 매각 경쟁으로 불꽃을 튀길 때에도, 철강왕 카네기는 토끼의 교훈을 되새겼다.

카네기의 센트럴 트랜스포테이션 회사와 풀맨의 회사는 유니언 퍼시픽 철도회사에 침대차를 팔기 위해, 서로가 상대의 허점을 노리며 경합을 벌이고 있었다.

카네기와 풀맨은 유니언 퍼시픽의 수뇌부를 만나기 위해 뉴욕으로 갔다.

어느 날 밤, 샌트니코러스 호텔에서 이 두 사람이 마주쳤다. 카네기가 먼저 상대에게 말을 건넸다.

"풀맨 씨, 안녕하십니까? 곰곰 생각해 보니 우리 두 사람은 서로가 참으로 어리석은 짓을 하고 있는 것 같습니다."

"그게 도대체 무슨 뜻이오?"

풀맨이 물었다.

그래서 카네기는 이전부터 생각하고 있던 것을 그에게 털어놓았다. 그것은 두 회사의 합병안이었다. 그는 서로가 반목하기보다 제휴하는 편이 최선책이라고 풀맨을 열심히 설득하였다. 풀맨은 주의 깊게 듣기는 했지만 반신반의하는 기색이 역력했다. 이윽고 풀맨이 카네기에게 이렇게 물었다.

"그렇다면 새 회사의 명칭은 어떻게 할 셈이오?"

그러자 카네기가 즉각 대답했다.

"그야 물론 풀맨 파레스 차량회사죠."

풀맨의 얼굴이 금세 빛났다.

"내 방으로 가서 그 문제에 대해 좀 더 상의를 해봅시다."

그리고 두 사람 사이에 있었던 이때의 협상이 미국 공업사에 새로운 장을 열게 하였다.

이처럼 친구나 거래처 관계자들의 이름을 존중하는 것이, 카네기의 성공비결 중 하나였다. 뿐만 아니라 카네기는 자기 회사에서 일하는 많은 노동자들의 이름을 기억하는 것을 자랑으로 여겼다.

## 2. 이름을 기억하는 CEO는 경영에서 성공한다

텍사스주 상공회의소 회장인 벤톤 러브는 기업이 점점 성장할수록 회사의 분위기가 냉랭해져 갔다고 했다. 그는 다음과 같이 말했다.

"기업이 냉랭해지는 이유는 단 한가지이다. 상대방에 대한 관심이 없기 때문이다. 기업에 훈훈한 기운을 불어넣어 주기 위한 방법은 사람들의 이름을 잘 기억하는 것이다. 이름을 기억하는 것이 서툰 경영자는 사업의 중요한 부분을 모르고 있는 것과 같으며, 기업 경영에도 서툴다는 뜻이다. 이런 경영자는 언제 기업을 도산에 빠뜨릴지 모르는 사람이다."

인간은 자신의 이름에 남다른 애착을 가지고 있으며, 그 이름을 후세에 남기고 싶어한다.

한때 굉장한 인기를 끌었던 미국 서커스의 창시자이자 흥행사인 P.T.바넘도, 자기의 이름을 이어받을 자식이 없는 것을 걱정한 끝에, 손자 C. H. 실리에게 바넘이라는 자신의 이름을 쓰면 2만 5천 달러를 주겠다고 제의하였다.

또 많은 독자들이 책의 저자로 하여금 '이 책을 아무개에게 바친다.' 라는 식으로 자기의 이름을 책에 기입하는 걸 즐거워한다. 도서관이나 박물관의 호화로운 소장품 중에는 기증자의 이름이 적혀 있는 것들이 많다. 뉴욕 시립도서관이나 메트로폴리탄 박물관에는 벤자민 알트만이나 J. P. 모건의 이름을 영원히 간직하고 있다. 또 교회에는 기증자의 이름을 기입한 스테인드 글라스의 유리창이 많다.

대부분의 사람은 남의 이름을 잘 기억하지 않는다. 그 이유는 가지각색이지만, 바빠서 기억할 여유가 없다는 게 가장 큰 이유다.

그러나 아무리 바빠도 루스벨트보다 더 바쁜 사람은 없을 것이다. 그 루스벨트가 우연히 만난 적이 있는, 한 기계공의 이름을 기억하기 위해 애를 쓴 적이 있었다.

크라이슬러 자동차회사가 루스벨트를 위하여 특별 승용차를 제작한 일이 있었는데, W.F.챔벌레인이 기계공과 함께 그 차를 가지고 대통령 관저로 갔다.

챔벌레인은 그때의 일을 내게 보낸 편지에서 다음과 같이 말하고 있다.


그때 나는 대통령에게 특수한 장치가 많이 장착되어 있는 자동차의 조종법을 가르쳐드렸습니다만, 대통령은 내게 아주 새로운 대인관계법을 가르쳐주었습니다.

대통령은 관저로 찾아간 나를 매우 유쾌한 표정으로 맞이했습니다. 그분이 내 이름을 불러주었기 때문에 나 또한 기분이 매우 좋았습니다. 특히 감명 깊었던 것은 내 설명에 진심으로 흥미를 가져준 그분의 태도였습니다.

그 차는 두 손만으로 모든 작동을 해낼 수 있는 특이한 것이었기 때문에, 많은 사람들이 주위에 몰려들었습니다.

그때 대통령은 이렇게 말했습니다.

"훌륭하군. 단추 하나로 자유롭게 조종할 수 있다니! 어떤 장치를 했길래 이게 가능한 건가? 시간이 나면 차를 분해해서 속을 들여다보고 싶군."

대통령은 자동차에 눈이 팔려있는 사람들이 보는 앞에서 내게 말했습니다.

"챔벌레인 씨, 이렇게 훌륭한 자동차를 만들기 위해 애 많이 쓰셨소. 정말 대단합니다."

대통령은 라디에이터, 백미러, 시계, 조명 기구, 차내 장식, 조종석, 트렁크 등을 일일이 들여다보며 매우 감탄하고 있었습니다. 그리고 대통령 부인과 노동부 장관 미스 퍼킨스의 주위에 있는 사람들에게도, 자동차의 새로운 장치를 설명해 주었습니다. 그리곤 나이 지긋한 흑인 종업원을 불러 '조지, 이 특제 슈트케이스는 특별히 조심해서 취급해야겠어요' 라고 일러주기도 했습니다.

조종 연습이 끝나자 대통령이 내게 말했습니다.

"챔벌레인 씨, 연방 준비은행 사람들이 30분이나 기다리고 있으니, 오늘은 이 정도로 해둡시다."

그리곤 대통령 관저로 함께 간 기계공의 이름을 부르면서, 악수를 하고 칭찬을 아끼지 않았습니다. 그 말투는 결코 형식적인 것이 아닌, 진심에서 우러나온 것이었습니다. 나는 그것을 정확히 알 수 있었습니다.

뉴욕으로 돌아온 지 얼마 지나지 않아, 나는 대통령이 직접 사인을 한 그의 사진과 감사장을 받았습니다.

그 바쁜 대통령이 이런 여가를 어떻게 만들어냈는지 정말 모를 일이었습니다.


이처럼 루스벨트는 사람에게 호감을 사는 가장 간단하고 가장 중요한 방법은, 이름을 기억하여 상대방에게 자신감을 갖게 하는 것이라는 점을 알고 있었다.

이것을 알고 있는 사람이 세상에 얼마나 될까?

초면의 사람과 2~3분 동안 대담을 나눈 뒤 헤어질 때는, 이미 상대방의 이름을 기억하지 못하는 경우가 대부분이다.

'유권자의 이름을 외우는 것, 그것이 정치적 수완이다. 이름을 잊어버리는 것은 곧 자신이 잊혀지는 것을 의미한다.'

이것은 정치가가 배워야 할 첫 과제이다.

남의 이름을 외우는 것은 장사나 사교에서도 정치의 경우와 마찬가지로 중요하다.

나폴레옹 3세는 바쁜 와중에도 한 번 대면한 사람의 이름도, 모두 기억할 수 있다고 공언했다.

그가 사용한 방법은 매우 간단했다.

그는 상대의 이름을 뚜렷이 알아들을 수 없을 경우에는, '미안하지만 한 번 더 말해 주게'라고 부탁했다. 그리고 그 이름이 아주 복잡할 경우에는, '어떻게 쓰는가?'라고 다시 한 번 물었다고 한다.

또한 이야기하는 동안 몇 번이고 상대의 이름을 되풀이해서 말하고, 상대의 표정이나 모습 등을 함께 기억하도록 노력하였다. 그리곤 자기 혼자만의 시간을 보낼 때, 메모지에 상대의 이름을 적고 그것을 쳐다보면서 또렷이 외운 다음 그 메모지를 찢어버렸다.

이것은 꽤 시간이 걸리는 방법이긴 하지만, 한 번 시도해 봄직한 방법이기도 하다.

에머슨은 이렇게 말한 바 있다.

"좋은 습관은 사소한 희생을 쌓아감으로써 이루어진다."

무엇보다 이름이란 본인에게는 가장 소중하고 막대한 영향력을 지닌다는 사실을 잊지 마라.

# 4. 이야기를 열심히
# 들어주어라

## 1. 상대방의 의견을 경청하라

예전에 어떤 브리지(카드게임) 모임에 초대된 적이 있었다. 그런데 사실 나는 브리지 게임을 하지 않는다.

마침 그곳에는 나처럼 브리지를 하지 않는 부인이 한 사람 와 있었다. 나는 로웰 토머스가 유명해지기 전에 그의 매니저로 일하면서 그의 그림이 삽입된 여행기를 준비하기 위해, 그와 함께 유럽을 여행한 적이 있었다. 그런데 그 부인이 그것을 기억해내서는 내게 그때의 이야기를 해달라는 것이었다.

"카네기 선생님, 당신이 방문한 곳과 그곳의 아름다운 경치에 대해 얘기해 주세요."

그리곤 내 옆에 앉으며 말을 이어갔다.

"나는 최근에 남편과 함께 아프리카 여행을 다녀왔거든요."

"아프리카!"

나는 탄성을 내질렀다.

"아프리카를 여행하셨다구요? 나도 꼭 한번 가보고 싶은 곳인데… 예전에 만 하루 동안 알제리에 머무른 것 외에는 아프리카에 가본 적이 없거든요. 부인, 당신은 맹수가 우글거리는 곳을 가보셨겠군요? 정말 부럽습니다. 제 유럽 여행보다 당신의 아프리카 여행 이야기가 더 흥미진진하겠는데요. 아프리카 얘기를 해주십시오."

그러자 그녀는 꼭 45분 동안 쉬지 않고 자신의 아프리카 여행담을 들려주었다. 나의 유럽 여행담을 들려달라는 얘기는 두 번 다시 하지 않고… 그녀에게 있어 나의 여행담 따위는 아무래도 좋았던 것이다. 그녀는 단지 자기의 얘기를 열성적으로 들어줄 사람이 필요했던 것이다.

그녀가 변덕스러운 사람이라서 그랬던 것일까? 아니다. 절대 그렇지 않다. 내가 아는 한 그녀는 지극히 평범한 사람이었다.


또 한 번은 이런 일이 있었다.

어느 날 나는 뉴욕의 한 출판업자가 주최한 만찬회 석상에서, 유명한 식물학자를 만난 적이 있었다. 그때까지 나는 식물학자와는 한 번도 이야기를 나누어본 적이 없었다. 그래서인지 나는 그의 이야기에 완전히 빠져들고 말았다.

회교도들이 마취에 사용하는 인도 대마에 대한 이야기, 식물의 새로운 품종을 수없이 만들어낸 루사 바뱅그에 대한 이야기, 그 외에 실내 정원이나 고구마 등에 대한 이야기를 듣고 있는 동안 나는 넋이 빠질 정도로 멍해 있었다.

당시 나의 집에는 작은 실내 정원이 하나 있었다. 나는 실내 정원에 관한 몇 가지 의문에 대해 그에게 물어보았다. 내 질문에 대한 그의 대답은 아주 시원스러웠고, 내 의문들은 금새 확연하게 풀려나갔다.

만찬회에는 우리 외에도 12~13명의 손님이 더 있었다. 그러나 나는 실례를 무릅쓰고 몇 시간 동안이나 식물학자의 이야기에 빠져 있었다.

이윽고 밤이 깊어 만찬회는 끝이 났다. 그때 식물학자가 집주인에게 이렇게 말했다.

"카네기 씨는 정말 대단한 이야기꾼이군요."

나더러 이야기꾼이라니? 실제로 나는 거의 아무런 말도 하지 않았는데… 무언가를 지껄이려고 해도 식물학에 대해서는 문외한인 내가 할 이야기라고는 아무것도 없었던 것이다. 화제를 바꾸었다면 또 모르겠지만… 그러나 나는 그의 이야기를 정말 재미있다고 생각하며 경청하였다. 바로 그 점이 상대방을 기분 좋게 했던 것이다.

이렇게 상대방의 이야기를 열심히 들어주는 것만으로도, 때로는 상대방에 대한 최고의 찬사를 대신할 수 있는 것이다.

잭 우드포드는 이렇게 말했다.

"아무리 냉정한 사람이라도 자기의 이야기에 마음을 빼앗기고 있는 상대에게는 마음이 흔들리게 마련이다."

내가 그에게 한 말이라곤 '매우 즐거웠습니다. 정말 많이 배웠습니다. 나에게도 당신만큼의 지식이 있었으면 얼마나 좋을까요? 당신의 친구가 되고 싶습니다. 꼭 다시 한 번 뵙고 싶습니다.' 정도였다. 단지 그의 이야기를 진지하게 들어준 것이 그가 나에 대해 '이야기꾼'이라는 찬사를 하게끔 만든 것이다.

하버드 대학의 총장을 지낸 바 있는 찰스 엘리어트는 이렇게 말한 적이 있다.

"상담에 성공하기 위한 별다른 비결이 있는 것은 아니다. 다만 상대방의 이야기에 귀를 기울이는 것이 중요하다. 어떤 아첨도 이것을 따라오지 못한다."

이런 사실은 구태여 대학을 나오지 않아도 누구나 알 수 있는 것이다. 그런데 많은 돈을 지불하고, 점포를 빌려 상품을 예쁘게 진열하고, 광고에 엄청난 돈을 쓰면서도 상대방의 말에 성실하게 귀를 기울이지 못하는 점원을 고용하는 상인들도 얼마든지 있다. 즉 손님의 이야기를 중간에 잘라버리고, 손님의 말에 역정을 냄으로써, 손님을 내쫓는 어리석은 점원을 채용하는 우를 범하고 있는 것이다.

다음은 나의 세미나에 참석한 적이 있는 J.C.우튼이라는 사람의 경험담이다.

그는 어떤 백화점에서 와이셔츠를 한 벌 샀는데, 집에 와서 보니 염색이 퇴색되고, 깃에는 때가 묻어 있었다.

실망한 그는 와이셔츠를 가지고 다시 백화점으로 갔다. 그는 마침 와이셔츠를 구입할 때 매장에 있던 점원이 눈에 띄길래 그에게 사정을 이야기했다. 그러자 그 점원은 대뜸 이렇게 말하는 것이었다.

"지금까지 이 와이셔츠를 몇 천벌 팔았습니다만, 다시 가지고 온 사람은 당신이 처음입니다."

그 점원의 말투는 마치 '거짓말하지 마시오! 당신 같은 인간한테 내가 속을 줄 알아!' 라고 비난하는 것과 다름없었다.

화가 난 우튼 씨는 점원과 실랑이를 벌였다. 그런 와중에 다른 한 점원이 이렇게 말했다.

"싼 게 다 그렇죠. 염료가 나빠서 그럴 겁니다. 손님이 이해하세요."

우튼 씨는 그때의 기분을 다음과 같이 말했다.

"나는 더 이상 참을 수가 없었습니다. 처음의 점원이 나를 의심했고, 두 번째 점원은 내가 마치 싼 물건을 구입한 것처럼 말했습니다. 너무나 화가 치밀어 옷을 내동댕이치려고 하는데, 그때 마침 지배인이 왔습니다. 그는 지배인답게 능숙하게 나를 달랬습니다. 그는 나의 이야기를 처음부터 끝까지 들어 주었습니다. 그런 다음 손님의 입장에서 점원들을 나무랐습니다. 와이셔츠 깃에 때가 묻은 것은 분명히 색깔이 변색 되어 그런 것이고, 손님에게 만족을 줄 수 없는 그런 물건은 절대로 팔아서 안 된다고 말입니다. 그런 다음 결함이 있는 상품을 모르고 판매한 자기의 잘못을 솔직하게 시인했습니다. 그리고 마지막으로 이렇게 말하는 것이었습니다.

"이 옷을 어떻게 하시겠습니까? 손님이 원하시는 대로 해드리겠습니다."

지배인의 말을 들은 나는 곧 만족스런 기분이 될 수 있었습니다.


그래서 우튼 씨는 지배인에게 이렇게 말했다고 합니다.

"이렇게 변색되는 게 일시적인 현상입니까, 아니면 이보다 더 심해지는 것입니까?"

그러자 지배인은 일주일만 더 입어보면 어떻겠느냐고 권유하며 말을 이었다.

"만약 그래도 마음에 들지 않으면 언제라도 오십시오. 마음에 드는 것과 바꾸어드리겠습니다. 폐를 끼쳐드려 죄송합니다. 뭐라고 사과를 드려야 할지 모르겠습니다."

우튼 씨는 개운한 마음으로 집으로 돌아왔다.

그로부터 일주일이 지나도 와이셔츠의 색깔은 더 이상 변하지 않았고, 그 백화점에 대한 우튼 씨의 신뢰도 원상태대로 회복되었다.

그 백화점의 지배인은 역시 지배인이 될 만한 자격을 갖추고 있는 사람이라고 말할 수 있을 것이다.


사소한 일에도 성미를 돋우며 잔소리를 해대는 사람이 있다.

그러나 참을성 있게 상대의 얘기에 귀를 기울이는 사람, 상대가 아무리 성질을 부려도 끝까지 귀를 기울여주는 사람에게는 그런 사람들도 유순해지는 법이다.

몇 해 전에 있었던 일이다.

뉴욕 전화국의 교환수를 못살게 구는 어떤 사람이 있었다.

그는 교환수들에게 온갖 욕설과 폭언을 퍼붓는 것도 모자라, 전화선을 뜯어내 버리겠다고 위협하고, 청구서가 틀렸다며 요금을 지불하지 않았다. 또 신문사에 투서를 하거나 공익사업위원회에 진정서를 내, 전화국을 상대로 소송을 제기하기까지 했다.

견디다 못한 전화국에서는 마침내 이런 종류의 분쟁 해결에 뛰어난 재질이 있는 직원으로 하여금 그 까다로운 인물을 만나게 하였다. 그를 만난 직원은 그의 주장을 귀담아 들어주며 그로 하여금 마음껏 울분을 터뜨리게 하였다.

다음은 그 직원의 말이다.

"처음 방문했을 때, 그는 고함을 치며 무려 세 시간 동안 자신의 주장을 늘어놓았습니다. 나는 기꺼이 그의 이야기를 들어주었습니다. 두 번째 방문했을 때도, 세 번째 방문했을 때도 나는 똑같이 그의 이야기에 귀를 기울였습니다. 그리고 네 번째 방문했을 때, 나는 그가 '전화가입자 보호협회' 라는 모임의 발기인이 되어 있다는 사실을 알았습니다. 그런데 그 모임의 회원이라곤 그 이외에는 아무도 없는 것 같았습니다. 나는 그 모임의 취지를 그의 입장에서 경청해 주었습니다. 아마 그는 전화국 직원이 그런 태도를 취하리라고는 전혀 예상하지 못했을 겁니다. 그는 마침내 나를 친구같이 대하기 시작했습니다. 그와 만나는 동안, 나는 나의 방문 목적에 대해서는 한 마디도 언급하지 않았습니다. 그러나 나의 목적은 완전히 달성되었습니다. 그는 체납된 전화료도 모두 지불했고, 소송도 취하해 주었습니다."

이 문제의 사나이는 가혹한 착취로부터 시민의 권리를 보호하고자 하는 노동운동가를 자처하고 있었음에 틀림없다. 그러나 실제로 그는 자기의 중요성을 내세우고 싶었던 것이다. 자신의 중요성을 얻기 위해, 그는 전화국을 상대로 문제를 제기하였다. 그런데 전화국 직원에 의해서 그것이 채워지자, 그의 망상이 만들어낸 불평이 자취를 감추고 사라져버렸던 것이다.

데드마는 세계적으로 유수한 모직물 회사인데, 창립 후 얼마 되지 않았을 무렵 초대 사장인 줄이앙 F.데드마의 사무실에, 고객이 뛰어들어 소란을 피운 사건이 일어났다.

데드마의 사장은 그때의 상황을 다음과 같이 말해 주었다.

데드마의 거래처인 손님에게는 15달러의 미수금이 남아 있었습니다. 그러나 그는 그럴 리가 없다며 막무가내로 우겨댔습니다. 하지만 우리의 장부로 볼 때, 그것은 거의 정확했죠. 그래서 재차 독촉장을 보냈죠.

연거푸 독촉장을 받은 그는 화를 내며 시카고에 있는 내 사무실까지 찾아왔어요. 그리곤 지불은커녕 다시는 우리 회사와 거래를 하지 않겠다고 잘라 말했습니다.

나는 그의 얘기를 조용히 들어주었습니다. 그가 말을 하는 동안 사실 여부를 꼬치꼬치 캐내고 싶었으나, 나는 그것이 최선책은 아니라고 판단했습니다. 그래서 끝까지 그의 이야기를 들어주었습니다.

한참 동안 열변을 토하던 그는 이내 흥분했던 마음을 가라 앉혔고, 이번에는 내 이야기를 들어줄 자세를 취하더군요. 나는 그 기회를 놓치지 않고 이렇게 말했습니다.

"이렇게 일부러 시카고까지 와주셔서, 뭐라고 감사 드려야 할지 모르겠습니다. 정말 좋은 말씀 많이 들었습니다. 우리 직원이 당신에게 그런 폐를 끼쳐드리고 있다면, 다른 손님에게도 역시 그렇겠지요. 제가 잘 타이르도록 하겠습니다. 손님이 오시기 전에 우리 쪽에서 먼저 찾아가 뵈었어야 했는데, 이거 정말 죄송합니다."

그는 데드마의 사장인 내가 이렇게 나오리라고는 미처 생각하지 못하고 있는 듯했습니다. 나를 골탕먹이기 위해 일부러 시카고까지 찾아왔는데, 오히려 감사하다는 말을 들었으니 맥이 빠질 만도 했을 겁니다. 나는 이어서 이렇게 말했습니다.

"수많은 손님들의 계산서를 취급하다 보니 실수가 있었던 것 같습니다. 정말 죄송합니다. 15달러는 취소하기로 하겠습니다."

그런 다음 나는 당신의 심정을 잘 알고 있으며, 내가 만약 당신이라도 나 역시 그렇게 했을 것이라고 말하고 나서, 우리와 더 이상 거래를 하지 않겠다는 그에게 다른 회사의 제품을 소개해 주었습니다.

그런 다음 그에게 점심을 같이하자고 권했지요.

점심을 마치고 사무실로 돌아온 그는, 지금까지 그가 구입한 물건보다 훨씬 많은 물건을 내게 주문했습니다.

얼마 후, 집에 돌아가 서류를 조사해 보고 문제의 청구서를 찾아 낸 그에게서 사과의 편지가 날아왔습니다. 물론 15달러짜리 수표를 동봉해서요.

그 후, 그가 죽을 때까지 22년 동안을 우리는 좋은 친구로 친하게 지냈습니다.

## 2. 상대방의 말 속에 희망이 있다

오래 전의 이야기이다.

네덜란드에서 이민 온 한 아이가 학교에서 돌아오자마자, 주당 50 센트의 주급을 받으며 빵집의 창문을 닦는 일을 하고 있었다. 뿐만 아니라 그 아이는 매일 삽을 들고 시내의 한길에 나가 석탄차에서 떨어진 석탄 부스러기를 주워 모았다.

그 소년의 이름은 에드워드 보크였다. 학교 교육이라곤 6년도 채 받지 못한 그는, 후에 미국 굴지의 잡지 편집자가 되었다.

그의 성공의 비결은 요컨대 이 책에서 말하고자 하는 원리를 응용 한 것이었다.

13세 때 그는 학교를 그만두고 웨스턴 유니언 전보회사에 주당 6 달러 25센트를 받는 급사로 취직했다. 차비를 절약하고 점심을 거르 면서 모은 돈으로 『아메리카 평전집』을 산 그는 그것으로 일찍이 누 구도 들어 보지 못한 일을 벌였다.

그는 유명인의 전기를 읽고 작가 앞으로 편지를 써, 소년 시절의 이야기를 들려주었으면 좋겠다는 부탁을 했다. 남의 이야기를 잘 듣는 훌륭한 귀를 가진 그는 유명인사들로 하여금 스스로 얘기하도록 만들었다.

그는 당시 대통령 선거에 출마 중이던 제임스 A. 가필드 장군에게 편지를 보내 유년 시절 그가 배로 운하를 끌어당겼다는 이야기가 정말인지를 물어보았다. 물론 가필드로부터 답장이 왔다.

한편 그는 남북전쟁 때 북군의 총사령관을 지냈고, 18대 미국 대통령을 지내기도 한 그란튼에게도 편지를 보냈다. 그리고 남북전쟁 당시의 격전에 관한 얘기를 들려달라고 말했다. 그의 청을 받아들인 그란트는 지도를 그리면서까지 상세히 설명한 편지를 보내주었고, 이 14세의 소년을 만찬회에 초대하여 다른 여러 가지 얘기를 들려주었다. 그는 또 에머슨에게도 편지를 보내 에머슨이 스스로 기뻐하며 자기 얘기를 하도록 만들었다.

이 전보회사의 배달 소년은 그 후에도 수많은 유명인사들과 편지를 교환하였다. 유명한 생리학자이자 시인인 올리버 웬델 홈즈, 시인 롱펠로우, 링컨 부인, 소설가 루이자 메이 올코트, 셔먼 장군, 제퍼슨 데이비스 등이 바로 그들이다.

그는 이러한 유명인사들과 서신 교환을 하였을 뿐만 아니라, 휴가 때마다 그들을 방문하여 크게 환영을 받았다.

이러한 경험으로부터 얻은 자심간은 그에게 있어서 귀중한 자산이었다. 유명인들의 성공과 경험담에 이 소년의 꿈과 희망은 크게 부풀어, 드디어는 그의 인생을 변화시켰다.

거듭 말하거니와 그가 성공한 것은 다름 아닌, 여기서 내가 말하고자 하는 원리를 응용한 것에 불과하다.

아이삭 F.마커슨은 매우 뛰어난 저널리스트 중 한 사람이다. 그의 말에 의하면, 좋은 첫인상을 주는 데 실패하는 까닭은, 대개의 경우 상대의 말을 잘 듣지 않기 때문이라고 한다.

"자기가 하고 싶은 말만 생각하는 바람에, 상대방의 말에 귀를 닫아버리는 사람이 많다. 지체 높은 사람들은 대개 이야기를 잘하는 사람보다 잘 듣는 사람을 좋아한다. 그러나 남의 말을 경청하는 재능은 다른 어떤 재능보다도 훨씬 얻기 힘든 것 같다."

그러나 남의 말을 잘 듣는 상대를 좋아하는 사람은 반드시 지체 높은 사람만이 아니다. 인간이라면 누구나 그런 마음을 가지고 있다.

언젠가 「리더스 다이제스트지」에 다음과 같은 기사가 실린 적이 있었다.

세상에는 자기의 이야기를 들어달라고 의사를 부르는 환자도 있다.

링컨은 남북전쟁이 막바지에 이르렀을 때, 고향인 스프링필드의 옛 친구에게 편지를 보내 그에게 워싱턴으로 와달라고 요구했다. 중요한 문제에 관해 상의하고 싶다는 것이었다. 그 친구가 백악관에

도착하자 링컨은 노예해방 선언을 발표한 것이 과연 옳은 일인지, 어떤 사람은 반대하고 어떤 사람은 찬성하고 있는지 등의 이야기를, 오랜 시간에 걸쳐 늘어놓았다. 그리고 투서와 신문기사도 읽어주었다.

이야기가 끝나자 링컨은 그의 의견은 단 한마디도 듣지 않고, 친구를 돌려보냈다. 처음부터 끝까지 링컨 혼자서만 지껄였을 뿐이었다. 그런데도 링컨은 마음이 꽤 흡족한 모양이었다.

그 친구는 훗날, 할 말을 다하고 난 링컨이 매우 흡족한 표정을 지었다고 말했다.

링컨은 상대의 의견을 들을 필요가 없었던 것이다. 다만 마음의 부담을 덜어줄 수 있는 사람, 자기의 마음을 이해해 줄 수 있는 사람이 필요했던 것이다.

마음이 괴로울 때는 누구나 다 링컨과 같은 심정이 된다. 화를 내고 있는 손님, 불평을 품고 있는 직원, 상심을 하고 있는 친구에게는, 자신의 이야기를 성실하게 들어줄 사람이 필요한 것이다.

남에게 배척을 당하거나, 뒤에서 비웃음을 사거나, 경멸을 받고 싶다면, 다음에 열거한 사항을 반드시 지키도록 하라.

1. 결코 상대방의 이야기를 오래 듣지 말 것.
2. 처음부터 끝까지 자기 이야기만 늘어놓을 것.
3. 상대방이 이야기하는 동안, 자기 의견이 생각나면 곧장 상대방

의 이야기를 중단시키고 끼어들 것.

4. 머리 회전이 둔한 상대방의 시시한 얘기는 끝까지 듣고 있을
   필요가 없다. 이야기 도중 염치없이 말을 꺼낼 것.

세상에는 실제로 이러한 사항을 아주 잘 지키고 있는 사람이 셀
수 없이 많다. 하긴 유명한 사람들 중에도 그런 사람이 있을 정도니,
그리 놀랄 만한 일도 아니다. 그런 사람들은 정말 지루할 정도로 자
기 도취에 빠져 있는 사람들이다. 자기 얘기만 지껄이는 사람은 자
기의 일밖에 생각하지 않는 이기적인 사람이다.

콜롬비아 대학의 총장 니콜라스 M. 바틀리 박사는 이렇게 말하고
있다.

"자기의 일밖에 생각하지 않는 인간은 교양이 없는 인간이다. 비
록 아무리 교육을 많이 받았다 할지라도 교양이 전혀 몸에 배지 않
은 사람이다."

좋은 이야기꾼이 되려면 좋은 귀를 가져야 한다.

찰스 N.리 부인은 다음과 같이 말했다.

"상대방으로 하여금 흥미를 갖게 하려면, 먼저 이쪽이 흥미를 가
져야 한다."

그러므로 상대방이 기쁜 마음으로 기꺼이 대답할 수 있는 그런 질
문을 하는 것이 좋다. 상대방이 자랑스러워하는 일에 대해 질문하
면, 상대는 거침없이 자신의 이야기를 할 것이다.

당신의 이야기 상대는 당신의 일에 대해서는 사실 별로 관심이 없

다. 바로 이 점을 명심하라.

인도에서 1백만 명이 굶어 죽는 대기근이 일어난다 해도, 사람들 개개인에게는 자신을 고통으로 몰아넣는 치통이 훨씬 중요한 사건이다. 자신의 목에 생긴 조그마한 부스럼이, 일본에서 지진이 40번 일어난 사건보다 훨씬 더 큰 관심사인 것이다. 이야기를 할 때는 이 점을 항상 생각해야 한다.

# 5. 상대방의 관심에 화제의 초점을 맞추어라

## 1. 상대방의 관심이 어디에 있는지 파악하라

오이스타베이의 관저로 루스벨트 대통령을 방문한 사람이라면 그의 해박한 지식에 놀라게 된다.

"루스벨트는 상대방이 카우보이든 의용 기병대원이든, 혹은 정치가이든 외교관이든 그 밖의 어느 누구든 그들의 삶에 적합한 화제를 풍부하게 지니고 있었다."

이는 마리엘 브라드포드의 말이다.

루스벨트는 자신과 만나기로 약속한 사람이 찾아오기 전에, 상대방이 흥미를 가질 만한 문제에 대해 다방면으로 연구를 해두었다고 한다.

루스벨트도 다른 유능한 지도자들과 마찬가지로, 사람의 마음을 사로잡는 지름길은 상대가 가장 깊은 관심을 가지고 있는 분야의 문제를 화제로 삼는 일이라는 것을 그는 잘 알고 있었던 것이다.

수필가이자 예일대학의 문학부 교수를 역임한 윌리엄 라이언 펠프스는, 어릴 때 이미 이런 교훈을 터득하고 있었다. 그는 「인간성에 관하여」라는 제목의 논문에서 이렇게 쓰고 있다.

여덟 살 때, 나는 스트래드포드에 있는 린제이 숙모 집에 놀러 간 적이 있었다. 저녁이 되자 중년의 손님이 찾아와, 한동안 숙모와 즐겁게 얘기를 주고받았다. 그는 얼마 후, 나를 상대로 열심히 이야기하기 시작했다. 그 무렵 나는 보트에 열중하고 있었는데, 그 사람의 이야기는 나의 마음을 사로잡기에 충분했다. 그 사람이 돌아가자 나는 숙모에게 열심히 그 사람을 칭찬하였다.

"정말 멋있는 사람이야! 그렇게 보트를 좋아하는 사람은 처음 보았어."

그러자 숙모는 '그 손님은 변호사야. 보트에 대해서는 별로 아는 것이 없을 텐데….' 하고 고개를 갸웃했다.

"그럼 왜 보트 얘기만 했을까요?"

그러자 숙모가 내 머리를 쓰다듬으며 이렇게 말해 주었다.

"그건 그분이 신사이기 때문이지. 네가 보트에 정신이 팔려 있는 것을 알고는, 너를 기쁘게 해주려고 기분 좋게 네 말상대가 되어준 거야."

펠프스 교수는 이 숙모의 이야기를 절대 잊어버릴 수가 없다고 덧붙였다.

다음은 현재 보이스카우트 운동에 열중하고 있는 에드워드 L차리프에게서 온 편지이다.

언젠가 나는 다른 사람의 도움이 절실하게 필요한, 매우 어려운 난관에 부닥친 적이 있었습니다. 유럽에서 열릴 대규모 스카우트 대회에 우리 소년단원 대표를 참석시키고 싶었는데, 그 비용을 마련하는 것이 만만치 않았기 때문이었습니다. 대회 날짜는 코앞에 다가와 있는데, 도무지 방법이 없었습니다. 그래서 어느 기업체의 사장에게 부탁을 드리려고 했습니다.

사장을 만나러 가기 직전, 나는 나에게 도움이 될 만한 좋은 얘기를 들었습니다. 그것은 그 기업체의 사장이 1백만 달러짜리 수표를 발행한 뒤, 이미 지불이 끝난 그 수표를 액자에 넣어 간직하고 있다는 얘기였습니다.

나는 사장실에 들어서자마자 대뜸 그 수표를 보여달라고 부탁했습니다. 1백만 달러짜리 수표! 그런 큰 금액의 수표를 실제로 제가 봤다는 이야기를 아이들에게 들려주고 싶다며 말입니다. 사장은 기쁜 표정으로 기꺼이 그 수표를 보여주었습니다.

나는 감탄하면서 그 수표를 발행하게 된 동기를 들려줄 것을 정중하게 부탁했습니다.

여러분도 느꼈겠지만, 차리프는 보이스카우트나 유럽의 대회, 또는 그가 그곳을 찾아오게 된 목적에 대해서는 전혀 언급하지 않고 있다. 다만 상대가 관심을 가지고 있는 일에 대해서만 얘기하고 있을 뿐이다. 바로 이 점에 유의하기 바란다.

그 결과는 다음과 같이 되었다.


잠시 후, 사장은 내게 용건을 물었습니다. 그제야 비로소 나는 찾아온 용건을 꺼냈습니다. 그런데 놀랍게도 사장은 나의 부탁을 즉석에서 수락하였을 뿐만 아니라, 이쪽에서 예기치 않았던 일까지 자청하는 것이었습니다.

나는 소년단원 한 명만 유럽에 보내주었으면 하고 부탁했는데, 사장은 다섯 명의 소년과 함께 나까지 보내주겠다고 말했습니다. 그리곤 1천 달러짜리 신용장을 건네주며, 7주 동안 머무르라고 말했습니다. 그 밖에 그는 유럽의 지점장에게 소개장을 써주며, 우리가 유럽에 머무르는 동안 편의를 봐주도록 명령했습니다.

그리고 얼마 후, 그 자신이 직접 파리로 날아와 우리에게 파리 시내를 안내해 주었습니다. 그 후 그는 우리 보이스카우트의 후원자가 되었습니다. 뿐만 아니라 가정이 곤란한 단원에게 직장을 구해 준 일도 여러 번 있었습니다. 그때 만약 내가 그를 처음 만났을 때, 그의 관심사가 무엇인지 눈치채지 못했다면 그가 그렇게 쉽게 우리를 도와주진 않았을 것입니다.

## 2. CEO의 관심이 기업의 성공을 이끈다

그 방법이 과연 사업에도 응용이 될 수 있는지, 뉴욕의 일류 제빵 회사인 듀바노이 상회의 헨리 G.듀바노이의 경우를 예로 들어 보자.

듀바노이는 오래전부터 뉴욕에 있는 어느 호텔에, 자사 제품의 빵을 판매하려고 애를 쓰고 있었다. 그는 4년 동안 매주 빠짐없이 그 호텔의 지배인을 찾아갔고, 지배인이 출석하는 모임에도 동석하곤 했다. 그리고 손님이 되어 그 호텔에 투숙해 보기도 했다. 그러나 온갖 열성을 기울여도 그는 목적한 바를 이루지 못했다.

듀바노이는 그때의 상황을 다음과 같이 말하고 있다.

그래서 나는 인간관계를 연구했습니다.

그리고 전술을 다시 세웠습니다. 나는 이 사람이 무엇에 관심을 갖고 있는지, 즉 어떤 일에 열성을 기울이고 있는지를 조사하기 시작했습니다.

그 결과, 나는 그가 미국 호텔협회의 회원이라는 것을 알아냈습니다. 그것도 단순한 평회원이 아니고 그 협회의 회장이며, 국제 호텔협회의 회장도 겸업하고 있다는 것도 알게 되었습니다. 그는 협회의 대회가 어디서 열리든, 비행기를 타고 산을 넘고 바다를 건너 반드시 출석하는 열성파였습니다.

다음 달, 그를 만난 나는 협회 이야기를 꺼냈습니다. 반응은 굉장했습니다. 그는 눈을 반짝거리며 30분 가량 협회에 대해 이야기를 들려주었습니다. 협회 일은 그에게 있어서 아주 큰 즐거움이며 정열의 원천인 듯했습니다. 그러면서 그는 내게도 입회를 권유하였습니다.

그와 이야기를 나누는 동안, 나는 빵에 대한 이야기는 조금도 비치지 않았습니다. 그런데 그는 빵의 견본과 가격표를 가지고 오라는 것이었습니다.

호텔에 도착하자마자 용도계 직원이 이렇게 말하는 것이었습니다.

"당신이 어떤 수단을 썼는지는 모르겠으나, 우리 지배인께서는 당신이 대단히 마음에 든 모양입니다."

생각해 보십시오.

그 호텔과, 아니 그 지배인과 거래를 트고 싶다는 일념으로 나는 4년 동안이나 그의 꽁무니를 쫓아다녔습니다. 그런데 만약 내가 그 사람이 무엇에 관심을 가지고 있는지, 어떤 화제를 좋아하는지를 연구해 보지 않았다면 어떻게 되었을까요?

모르긴 해도 나는 아직도 그의 꽁무니만 졸졸 쫓아다니고 있을 것입니다.

# 6. 상대방의 중요성을
# 인정하고 칭찬하라

> Vision is the art of seeing things invisible.
> 비전이란, 보이지 않는 것을 보는 기술이다.
> Jonathan Swift(아일랜드 작가)

## 1. 진심에서 우러나는 칭찬을 하라

뉴욕 8번가에 있는 우체국에서 등기 우편을 보내기 위해 차례를 기다리고 있을 때였다.

우체국에 근무하는 담당 계원은 날마다 우편물의 무게를 달고, 우표와 거스름돈을 주고받고, 수료증을 발부하는 일 따위의 일을 하느라 잔뜩 짜증 난 얼굴을 하고 있었다.

그때 문득 이런 생각이 들었다.

'이 사나이로 하여금 내게 호의를 갖도록 만들어보자. 그러기 위해서는 그에게 뭔가 부드럽고 온화한 말을 해야 할 텐데… 그를 진심으로 칭찬할 만한 그런 일이 없을까?'

그러나 그것은 그리 쉬운 문제가 아니었다. 게다가 나와 그는 초면이지 않은가? 그러던 중 나는 우연히 그의 커다란 장점을 찾아낼 수가 있었다.

그가 내 우편의 무게를 달고 있을 때, 나는 진심 어린 말투로 이렇게 말했다.

"당신의 머리칼은 참 멋있군요. 부러울 정도로요."

놀란 표정으로 나를 쳐다보는 그의 얼굴에는, 어느새 미소가 번져 있었다.

"아닙니다. 요즘엔 많이 거칠어졌는걸요."

그는 겸손하게 말했다.

그러나 전에는 어땠는지 모르지만, 지금 보는 그의 머리카락은 정말 멋있었다. 일이 처리되는 동안 우리는 몇 마디 유쾌한 이야기를 나누었고, 마침내 그는 매우 흐뭇한 표정으로 본심을 털어놓았다.

"실은 그런 말을 자주 들었습니다."

그는 아마도 그날 점심시간에 들뜬 마음으로 외출을 했을 것이다. 그리고 퇴근 후, 집에 가서도 아내에게 흐뭇한 미소를 지었으리라, 거울을 보고 '역시 내 머리칼은 멋있어!' 라고 혼잣말을 했을지도 모른다.

나는 언젠가 이 이야기를 여러 사람이 모인 자리에서 한 적이 있었다. 그러자 어떤 사람이 이렇게 질문했다.

"그러면 당신은 그 사람으로부터 무엇을 기대했나요?"

나는 깜짝 놀랐다. 내가 무엇을 기대하고 있었다니! 무슨 말을 하는 것일까? 내가 무슨 대가를 바라고 남을 칭찬하기라도 했단 말인가? 그런 인색한 생각을 가진 사람들은 대인관계에서 당연히 실패할 것이다.

나는 일에 찌들어 있는 그에게 활력을 주었다. 물론 그에게는 하등의 어떤 부담도 주지 않았다. 그리고 나는 매우 흡족한 심정이 되었다. 그것은 언제까지나 즐거운 추억이 될 것이다. 이보다 더한 대가가 어디 있을까? 이것이 내가 바란 대가라면 대가일 것이다.

인간의 행위에 관한 중요한 법칙, 이 법칙을 따르면 거의 모든 분쟁을 피할 수 있다. 이것을 지키기만 하면 수없이 많은 친구를 사귈 수 있고, 항상 행복을 맛볼 수 있다. 그러나 이 법칙을 깨뜨리게 되면 그날로 당장 끝없는 분쟁에 휩쓸리게 될 것이다.

이 법칙이란 다른 게 아니라, '항상 상대방으로 하여금 자신이 중요한 인물이라는 느낌이 들게 하는 것'이다.

앞서 인용했듯이 존 듀이 교수는 '중요한 인물이 되고자 하는 소망은 인간의 가장 뿌리깊은 욕구'라고 말한 적이 있다.

또 윌리엄 제임스 교수는 '인간성의 근원을 이루는 것은 타인에게 인정받고 싶다는 욕망'이라고 단언하고 있다.

이 욕망이 인간과 다른 동물을 구분 짓는 잣대라는 것은 이미 언급한 바 있다. 인류의 문명도 인간의 이러한 욕망에 의해 발전되어 온 것이다.

철학자들은 수천 년에 걸쳐 인간관계의 법칙에 대해 사색을 거듭해 왔다. 그리고 그 사색의 결과, 한 가지 중요한 교훈이 생겨났다.

결코, 새삼스러운 교훈이 아닌 그것은, 인간의 역사만큼이나 오래 되었다.

3천 년 전, 페르시아의 조로아스터는 이 교훈을 배화교도들에게 전했고, 2천 4백 년 전의 중국에서는 공자와 노자가 그것을 가르쳤다. 석가모니는 예수보다 5년 빨리 성스러운 갠지스 강기슭에서 이것을 깨우쳤고, 그보다 10세기 앞서 힌두교 성전에서는 이것이 설파되었다. 그리스도는 1천 9백 년 전에 유대의 바위산에서 이 가르침을 전했다.

그리스도는 다음과 같은 말로 이 교훈을 설법하였다.

"비난 받지 않으려면 남을 비난하지 마라."

인간은 누구나 주위 사람들로부터 인정받기를 원한다. 자기가 중요한 존재라는 사실을 느끼고 싶은 것이다. 훤히 들여다보이는 아첨 따위는 듣고 싶지 않지만, 진심에서 우러나는 칭찬에는 굶주려 있기 때문이다.

찰스 슈와프가 말했듯이, 우리들은 모두 자기 주위의 사람들로부터 '진정으로 인정받고 아낌없이 칭찬 받고 싶어한다.'

그러면 이 법칙에 따라 남에게 받고 싶은 것을 해주면 어떨까? '언제 어디서 어떤 식으로 행동에 옮겨야 할까?' 고민할 필요는 없다. 마음만 있으면 누구에게든 베풀 수 있다.

한 가지 예를 들어보자.

어느 날 나는 뉴욕의 록펠러 센터에 있는 세계적인 관광 중심지인 라디오 시티의 안내계에서 헨리 스벤의 사무실 번호를 물어 본 적이 있었다. 그러자 산뜻한 유니폼을 입은 안내원이 공손하게 위치를 가르쳐 주었다.

나는 서둘러 엘리베이터 쪽으로 걸어가다가 다시 발길을 돌려 그 안내원에게로 다가갔다.

"방금 당신이 내게 사무실 위치를 가르쳐줄 때의 태도는 정말 훌륭했어요. 아마 아무도 흉내낼 수 없을 겁니다."

내 말에 그는 환한 웃음으로 답하였다. 내 한 마디 칭찬에 그는 마음이 흐뭇해졌던 것이다. 18층까지 올라가는 동안, 나는 인류의 행복 지수에 조그만 보탬을 한 듯한 기쁨을 맛보았다.

이와 같이 '칭찬의 철학'을 응용하면 큰 효과를 거둘 수 있다.

가령 레스토랑에서 점원이 주문한 것을 잘못 가져왔다고 하자. 그럴 때도 '수고를 끼쳐 미안하지만, 커피보다는 홍차를 마시고 싶군요'라고 친절하게 말해 보라. 그러면 점원은 자신의 잘못을 알아차리고, 군소리 없이 선뜻 홍차를 가져올 것이다. 이는 상대방에게 경의를 표시해 보였기 때문이다.

이런 친절한 말솜씨는 단조로운 일상생활에서 윤활유 역할을 함과 동시에, 그의 사람 됨됨이를 증명해 주는 역할을 한다.


또 한 가지 예를 들어보자.

홀 케인은 『그리스도교도』, 『만 섬의 재판관』, 『만 섬의 사나이』 등의 소설을 쓴 유명한 작가이다. 그는 대장간 집 출신으로 정규교육이라곤 8년 남짓밖에 받지 않았지만, 나중에는 세계 굴지의 부유한 작가가 되었다.

14행 시와 민요를 좋아한 홀 케인은, 영국의 시인 댄디 가브리엘 로제티에 심취해 있었다. 그래서 그는 로제티의 예술적 공로를 찬양한 논문을 써서, 그 사본을 로제티에게 보내주었다. 로제티는 물론 기뻐했다.

'나의 능력을 이처럼 높이 살 줄 아는 청년은 반드시 훌륭한 인물일 것이다.'

이렇게 생각한 로제티는 이 대장간 집 아이를 런던으로 불러들여 자기의 비서로 삼았다. 그리고 이것이 홀 케인의 생애에 있어서 커다란 전환점이 되었다.

이 새로운 직업에 종사하면서, 그는 당시의 유명한 문학가들과 사귈 수 있게 되었고, 그들로부터 조언과 격려를 얻어 나중에는 세계에 이름을 떨치게 되었던 것이다.

만 섬에 있는 그의 저택은 세계 곳곳에서 모여드는 관광객들의 명소가 되었다. 그가 남긴 재산은 무려 250만 달러에 달했다고 전해지는데, 그가 만약 유명한 시인에 대한 찬사의 논문을 쓰지 않았다면, 그는 아마 가난한 무명인의 생애를 보냈을 것이다.


진심 어린 칭찬에는 이처럼 헤아릴 수 없는 위력이 있다. 로제티는 홀 케인의 논문을 읽고, 자기 자신을 중요한 존재라고 생각하게 된 것이었다. 세계 어느 나라 사람이든 인간이라면, 누구나 자신을 그렇게 중요한 존재라고 생각할 것이다.

미국인 중에는 일본인에 대하여 우월감을 느끼고 있는 사람이 있다. 그런데 일본인은 그런 미국인보다 훨씬 잘났다고 생각하고 있다. 힌두교도에 대해서 우월감을 가지고 있든 말든 그것은 자유이지만, 힌두교도들은 자신들이 가장 우수하다고 생각하고 있다. 그래서 이교도인 외국인의 그림자가 닿은 음식은, 이미 더럽혀진 음식이라 여기고 손도 대지 않는다.

에스키모인에 대해서 우월감을 느끼느냐, 느끼지 않느냐 하는 것은 어디까지나 개인의 자유지만 그들은 백인을 어떻게 생각하고 있을까? 에스키모 사회에서는 게으름뱅이에다 인간성 나쁜 사람을 백인에 비유한다. 에스키모 사회에서 이보다 더한 경멸은 없다고 한다.

이처럼 어느 나라 국민이든 저마다 다른 나라 국민보다 우수하다고 생각한다. 이것이 애국심을 낳고, 또 전쟁을 일으키는 원인이 되기도 한다.

이와 마찬가지로 사람은 적어도 어떤 점에서는 자신이 그 누구보다 뛰어나다고 생각하게 마련이다. 그러므로 상대방의 마음을 확실하게 손에 넣는 방법은, 상대방이 세계에서 가장 중요한 인물이라는 사실을 말해 주고, 그런 다음 목적한 바를 설득시키는 것이다.

'어떤 인간이라도 나보다 뛰어난 점. 그러니까 내가 본받아야 할 점을 갖고 있다.' 라는 에머슨의 말을 거듭 기억해 두기 바란다.

그런데 종종 안타까운 일이 있다. 그것은 남에게 자랑할 만한 장점을 갖추지 못한 사람이, 그로 인해 생긴 열등감을 터무니없는 자만심이나 자기 선전으로 눈가림하려는 경우이다.

셰익스피어는 그런 사람을 다음과 같이 표현했다.

"오만불손한 인간이다! 부질없는, 하등의 값어치도 없는 것을 미끼로 천사를 속이려 하고 있다."

## 2. 칭찬은 기적을 일으킨다

'칭찬의 법칙'을 응용하여 성공을 거둔 세 사람의 이야기를 소개해 보겠다. 이 세 사람은 모두 내 세미나의 수강자였는데, 그중 우선 코네티컷에 사는 변호사의 이야기를 시작해 보자.(본인의 이름을 밝히기를 꺼려 그냥 R 씨로 표현한다.)

R 씨는 칭찬의 원칙을 실험한 결과를 세미나에서 보고하기로 되어 있었다. 그래서 우선 진심으로 감탄할 만한 것을 찾아내기 위해 온 집안을 둘러보았다.

"이 집은 1890년 경에 지은 집이죠?"

그가 묻자 숙모가 대답했다.

"그래, 꼭 1890년에 지은 집이지."

"제가 태어난 집도 꼭 이런 집이었어요. 훌륭한 건물입니다. 아주 멋있어요. 널찍하고… 요즘은 이런 집을 찾아보기고 힘들죠."

그의 말에 숙모는 기쁜 듯이 맞장구를 쳤다.

"정말, 그래. 요즘 젊은 사람들은 아름다운 집에 대해서는 전혀 관심을 갖지 않는다네. 비좁은 아파트에 냉장고와 자가용이 젊은 사람들의 필수품이 됐지."

그녀의 표정에서는 옛날의 추억을 그리워하는 빛이 역력했다.

집 안 여기저기를 안내한 숙모는 R 씨를 차고로 데리고 갔다. 그곳에는 신차와 다름없는 패카드 한 대가 놓여 있었다. 숙모는 그것을 가리키며 조용히 말했다.

"남편이 죽기 전에 이 차를 샀지만 나는 이 차를 타본 적이 없다네. 자네는 물건의 좋고 나쁜 것을 아는 사람이니, 이 차를 자네에게 주고 싶네."

"숙모님, 그건 곤란합니다. 숙모님 마음이야 고맙지만 이 차를 받을 수는 없습니다. 저는 숙모님과 혈연관계가 있는 것도 아니고, 또… 저도 최근에 산 차가 있습니다. 그리고 이 패카드를 탐내는 가까운 친척분들이 많이 계실 것 같은데…"

R 씨가 사양을 하자 숙모는 언성을 높여 말했다.

"자네 말대로 친척이야 얼마든지 있지. 이 차가 탐이 나서 내가 죽기를 기다리고 있는 친척도 있지. 그렇지만 나는 그런 사람에게 이 차를 줄 수가 없어!"

"그럼 중고 자동차회사에 파는 게…"

"팔다니! 내가 이 차를 팔 거라고 생각하나? 내가 생판 모르는 사람이 이 차를 마구 굴리고 다니는 것을 참을 수 있다고 생각하나? 이 차는 남편이 나를 위해서 사준 거라네. 팔다니? 그건 꿈에도 생각한 적이 없어. 나는 이 차를 자네에게 주고 싶네. 아름다운 것의 가치를 아는 자네에게 말일세.”

R 씨는 숙모의 마음을 상하지 않게 하며 적당히 거절하려 하였으나, 도무지 방법이 없었다.

낡고 넓은 저택에서 오직 추억만을 되새기며 살아온 이 노부인은, 사사로운 칭찬에 굶주려 있었던 것이다. 젊은 시절의 그녀는 남들이 부러워하는 ‘아름다운 집’을 짓고, 유럽의 각지에서 사들인 물건으로 집 안을 장식했었다. 그러나 지금은 늙고 외로운 노인에 불과했다. 그래서 진심 어린 조그마한 칭찬에도 매우 흐뭇해 했던 것이다. 그럼에도 불구하고 아무도 그녀에게 그런 마음을 주려 하지 않았다. 그러던 중 R 씨의 이해성 있는 태도를 접하고, 마치 사막에서 오아시스를 발견한 것처럼 기쁨을 느꼈던 것이다. 그리고 자신이 소중하게 간직했던 패카드를 그에게 선물하고 싶은 마음이 일었던 것이다.

다음은 뉴욕에 있는 루이스 앤드 발렌타인 조경회사의 정원사인 도널드 M. 맥마흔 씨의 이야기이다.

세미나에서 ‘사람을 움직이는 법’의 강의를 들은 지 얼마 되지 않아서 나는 어떤 유명한 법률가의 정원을 꾸미게 되었습니다. 그 집 주인은 나에게 철쭉꽃을 심을 장소를 일일이 알려주고 있었는데, 그 때 문득 내가 이렇게 물었습니다.

“선생님께서는 즐거우시겠습니다. 저렇게 훌륭한 개를 많이 키우시다니… 매디슨 스퀘어가든의 개 품평회에서 선생님의 개가 많은 상을 탔다죠?"

이 칭찬에 대한 그의 반응은 정말 놀라운 것이었습니다.

그는 무척 자랑스러운 듯이 말했습니다.

"그럼, 그게 얼마나 즐거운 일인데… 여보게. 개집을 직접 보여줄까?"

개집으로 나를 데려간 그는, 무려 한 시간 동안이나 개 자랑을 늘어놓았습니다. 심지어는 개의 혈통 증명서까지 꺼내와서는 개의 우열을 좌우하는 혈통에 대한 설명을 해주기까지 했습니다.

나중에는 우리 아이가 강아지를 좋아한다는 사실을 알고는 강아지 한 마리를 선물하겠다고 했습니다. 그리고 강아지 키우는 요령을 설명하다 말고는 집 안으로 들어가더니 종이와 펜을 들고 나와서는 말했습니다.

"설명만으로는 잊어버릴지 모르니 종이에 적어주지."

그리고 혈통서와 사육법을 적은 종이와 1백 달러는 족히 나갈 만한 강아지를 내게 주었습니다. 이것이 내가 그의 취미에 대해 보낸 솔직한 칭찬에 대한 보답이었습니다.


코닥 사진기로 유명한 조지 이스트만은 투명 필름을 발명하여 거액의 부를 쌓은 세계 굴지의 실업가였다. 그러한 대업을 성취한 사람도 역시 '칭찬의 법칙'의 예외는 아니었다.

이스트만은 로체스터에 이스트만 음악학교와 그의 어머니를 기념하는 극장 길본 홀을 건축하고 있었다.

고급 의자 제작회사를 운영하고 있는 제임스 애덤슨 사장은 이 두 개의 건물에 필요한 좌석의 물량을 따내고 싶었다. 그래서 애덤슨은 건축가를 통해 이스트만과 로체스터에서 만나기로 약속했다.

애덤슨이 약속 장소에 도착하자, 그 건축가가 그에게 주의를 주었다.

"당신은 이 주문을 꼭 따내고 싶습니까? 그렇다면 당신은 이스트만과의 시간을 5분 이상 소비하지 마십시오. 그렇게 되면 성공의 가능성은 없다고 봐야 합니다. 이스트만은 매우 까다로운 사람인데다가 또 무척 바쁜 사람이기도 하거든요. 가능한 한 빨리 얘기를 마무리 지어야 합니다."

애덤슨은 그가 시킨 대로 하리라 마음먹었다.

애덤슨이 그의 방에 들어섰을 때, 이스트만은 책상 위에 산더미처럼 쌓인 서류에서 눈을 떼지 못하고 있었다.

잠시 후, 이스트만은 얼굴을 들고 안경을 벗은 다음, 애덤슨 쪽으로 걸어와 말을 건넸다.

"안녕하십니까? 용건이 뭐죠?"

건축가의 소개가 끝나자, 애덤슨은 이스트만에게 말했다.

"정말 훌륭한 방이군요! 저는 실내장식이 전문입니다만 지금까지 이렇게 훌륭한 방을 본 적이 없습니다."

그러자 이스트만이 대답했다.

"그렇습니까? 저도 그렇게 생각합니다만 최근에는 너무 바빠 그런 사실조차 잊고 지낸답니다. 하하하…"

애덤슨은 일어서서 벽에 걸린 판자를 쓰다듬으며 말했다.

"이것은 영국산 떡갈나무 같군요. 이탈리아산 떡갈나무와는 줄무늬가 좀 다릅니다."

"영국에서 수입한 겁니다. 목재에 대해 잘 아는 친구가 골라준 것이죠."

이렇게 말한 이스트만은 방의 색깔, 장식 그 밖에 자신이 고안한 것들에 대해 설명해 주었다.

방의 구조를 둘러보던 두 사람은 이윽고 창가에 멈춰 섰다. 이스트만은 사회사업의 일환으로 자기가 세운 여러 가지 시설에 대해 조용한 목소리로 겸허하게 이야기를 꺼내기 시작하였다. 로체스터 대학, 종합병원 그리고 아동병원 등등….

애덤슨은 이스트만의 업적을 진심으로 칭송하였다. 그러자 이스트만은 유리상자를 열어 그가 최초로 입수했다는 사진기를 꺼내 들었다. 그것은 어떤 영국인한테서 사들인 발명품이었다.

애덤슨은 이스트만이 장사를 시작했을 무렵 겪은 경험담을 이야기해 달라고 말했다.

그러자 이스트만은 가난한 소년 시절을 회상하면서, 과부인 어머니가 값싼 하숙집을 경영할 때의 일과 일당 50센트를 받고 어떤 회사에 근무했던 일 등에 대해 실감 나게 들려주었다. 밤낮으로 가난의 공포에 시달리던 그는, 어떻게 해서든 가난을 극복하고 어머니를 값싼 중노동에서 해방시켜야겠다고 결심했다고 말했다.

애덤슨은 질문을 계속했고 이스트만은 사진 건판 실험을 할 무렵의 이야기를 해주었다. 온종일 일에 몰두하며 약물이 반응을 일으키는 짧은 시간을 이용해 토막 잠을 자던 때의 고통, 72시간 동안 씻지도 않고 처음 입고 있던 옷을 그대로 입고 지내던 경험 등 이스트만의 이야기는 끝이 없었다.

제임스 애덤슨이 이스트만의 방에 들어온 지 이미 두 시간이 경과했지만, 그의 이야기는 끝날 줄을 몰랐다.

"지난번 일본에 갔을 때 사 온 의자가 있는데, 칠이 벗겨져서 최근에 내가 칠을 새로 했지요. 앞뜰에 있는데, 이따 점심을 한 다음에 보여드리죠."

점심 식사 후에 이스트만은 애덤슨에게 일본에서 사 왔다는 그 의자를 보여주었다. 한 개에 1달러 50센트를 주었다는 그 의자는 억만장자에게 전혀 어울리지 않는 초라한 것이었다. 그래도 이스트만은 자기가 페인트칠을 했다는 게 아주 자랑스러운 모양이었다.

9만 달러에 달하는 의자 주문이 누구에게 낙찰되었는지는 굳이 말할 필요가 없을 것이다. 그 날 이후, 이스트만과 제임스 애덤슨은 평생 친구가 되었다.


우리는 이처럼 놀라운 효과를 지닌 '칭찬의 법칙'을 먼저 자신의 가정에서 시험해 봐야 할 것이다.

가정만큼 그것을 필요로 하는 곳이 없지만, 가정만큼 그것이 등한시되고 있는 곳 또한 없기 때문이다.

어떤 아내라 할지라도 반드시 장점은 있기 마련이다. 적어도 남편이 그것을 인정했기 때문에 그 결혼이 성립되었을 것이다. 그런데 당신은 아내의 매력을 칭찬한 지 얼마나 오래 되었는가?

수년 전, 나는 미라미치강 상류로 낚시를 하러 간 적이 있었다. 캐나다의 넓은 수림지대에서 깊숙이 들어간 나는 마을과 떨어진 곳에 캠프를 쳤다.

그때 내가 가지고 간 읽을거리라고는 오직 한 장의 지방 신문뿐이었다. 나는 그것을 광고에 이르기까지 구석구석 빠짐없이 읽어 보았다. 그 기사 가운데 도로시 디스크 여사가 쓴 글이 실려 있었는데, 꽤 좋은 내용이었기 때문에 나는 지금도 그 기사를 간직하고 있다.

입에 발린 소리를 능숙하게 할 수 있을 때까지는 절대로 결혼해서는 안 된다. 독신으로 있는 동안은 여성을 칭찬해 주는 것이 필수 조건이다. 이것은 자기의 안전을 위해서도 불가피하다. 솔직한 발언을 하는 것은 금물이다. 결혼생활은 외교와 같다.

만족스러운 나날을 보내고 싶으면 결코 아내의 일 처리에 대해 비난을 하거나, 다른 여자와 심술궂게 비교해서는 안 된다. 언제나 아내의 살림 솜씨를 추켜세우고, 미모와 재능을 겸비한 이상적인 여자와 결혼하게 된 걸 행운으로 생각한다는 것을 보여줘야 한다.

비록 비프스테이크가 소가죽처럼 굳어 있고, 토스트가 검은 숯처럼 타 있어도, 결코 잔소리를 해서는 안 된다. 그러면 아내가 남편의 기대에 맞추려고, 온몸이 가루가 되도록 일을 하게 될 뿐이다.

지금 말하는 이 방법을 갑자기 시도하면 좋지 않다. 왜냐하면, 아내가 이상하게 생각할 것이기 때문이다. 우선 오늘 밤, 그녀에게 꽃이나 과자를 선물하라. 그리고 미소를 지으며 부드러운 말투로 한두 마디 던져라. 이것을 실행하는 남편이나 아내가 늘어나면 늘어날수록 이혼율이 많이 줄어들 것이다.

여성에게 사랑받고 싶으면, 이 비결을 평생 가슴에 간직하라.

디스크 여사는 23명이나 되는 여성의 사랑과 재산을 송두리째 가로챈, 유명한 사기꾼과 인터뷰를 한 적이 있었다. 인터뷰 장소는 교도소였는데, 여성에게 사랑 받는 방법이 무엇이냐는 질문에 대한 그의 대답은 다음과 같았다고 한다.

"별로 어려운 일도 아니죠. 줄곧 여자 자신에 대해서만 이야기하면 됩니다."

이는 남자에 대해서도 마찬가지일 것이다.

여기까지 읽은 사람은 일단 책을 덮어라. 그리고 '칭찬의 철학'을 당신 주위 사람들에게 응용해 보라. 놀라운 효과를 얻게 될 것이다.

# □ 사람의 호감을 사는 6가지 방법

1. 관심과 애정을 표현하라

2. 미소 띤 얼굴로 대하라.

3. 상대방의 이름을 기억하고 친근하게 불러라.

4. 이야기를 열심히 들어주어라.

5. 상대방의 관심에 화제의 초점을 맞추어라.

6. 상대방의 중요성을 인정하고 칭찬하라.

# CHAPTER 3

# 사람을
# 설득하기 위한
# 12가지 방법

**Twelve Principles to Persuade People**

시시비비의 논쟁을 피하라.

상대방의 의견을 존중하고 잘못을 탓하지 마라.

잘못했다면 바로 인정하고 사과하라.

우호적이고 겸손한 태도로 대하라.

처음부터 Yes라고 대답할 수 있는 질문만 하라.

상대방이 마음껏 말하도록 하라.

스스로 생각하고 판단하게 하라.

상대방과 입장을 바꾸어 생각하라.

상대방의 입장을 이해하고 동정하라.

인간의 아름다운 감정에 호소하라.

TV나 영화에서처럼 극적인 연출 효과를 느껴라.

상대방의 경쟁심을 자극하라.

링컨이 백년 전에 이런 말을 했다.
" '1갤런의 쓸개즙보다 한 방울의 꿀이 더 많은 파리를 잡을 수 있다' 는 옛
속담은 언제 어디서나 쓰이는 말이다. 만약 상대방을 자기 편으로 만들고
싶다면, 우선 나 자신이 그의 편이라는 사실을 상대방에게 알려주어야 한
다. 이것이야말로 상대방의 마음을 사로잡는 한 방울의 꿀이며, 상대방의
이성에 호소하는 최선의 방법이다."

# 1. 시시비비의
# 논쟁을 피하라

A definite purpose, like blinders on a horse,
inevitably narrows its possessor's point of view.
눈을 가린 말처럼 범위가 한정된 목적은 시야를 좁게 만든다.
Robert Lee Frost(미국의 시인 )

## 1. 논쟁거리보다 대화거리를 찾아라

제1차 대전이 막 끝난 어느 날, 나는 런던에서 소중한 교훈을 얻었다. 당시 나는 오스트레일리아 군인 출신인 로드 스미스 경을 보좌하고 있었다. 그는 전쟁 중에는 팔레스타인과의 공중전에서 빛나는 공을 세웠고 전쟁이 끝나고 나서는 30일 동안 지구 절반을 비행해 세계를 놀라게 한 사람이었다.

이 일은 당시 한 번도 시도해 본 사람이 없었기 때문에 커다란 관심을 불러 일으킨 사건이었다. 오스트레일리아 정부는 스미스경에게 상금으로 5만 달러를 주었고, 국왕은 그에게 기사 작위까지 수여하였다. 그는 한순간에 대영 제국 최고의 화제 인물이 되었다.

어느 날 밤, 나는 그를 위해 열린 만찬에 참석하게 되었다. 마침내 옆에 앉아 있던 사람이 '사람이 무슨 일을 벌려 놓아도 결국 결정을 내리는 것은 하느님이다.' 라는 말에 대해 재미있게 이야기를 하고 있었다. 그 사람은 이 말이 성서에 있는 구절이라고 했다. 그러나 나는 곧바로 그것이 틀렸다고 했다. 말하자면 나는 나의 존재감과 우월감을 만족시키기 위해 그의 잘못을 지적하고 말았다. 그러니까 미움 받을 짓을 한 것이다. 그가 흥분한 것은 어쩌면 당연한 일이었다.

"뭐요? 그게 셰익스피어의 문구라고요? 그럴 리가 없습니다. 그건 성서에 있는 말이오. 틀림없소!"

그는 자기 생각이 틀리지 않았다고 확신했다. 그때 내 왼쪽에는 오랫동안 셰익스피어를 연구한 오랜 친구 프랭크 가몬드가 앉아 있었다. 그래서 나는 그의 말을 들어보자고 했다. 가몬드는 우리 두 사람 말에 귀를 기울였다.

그리고 잠시 후, 가몬드는 테이블 밑으로 내 발을 살짝 건드리면서 이렇게 말했다.

"데일, 자네가 틀렸네. 저분 말이 옳아. 그건 분명히 성서에 나오는 구절일세."

그날 밤, 만찬을 끝내고 돌아오는 길에 나는 다시 가몬드에게 물어보았다.

"프랭크, 자네 왜 그랬나? 자네도 잘 알다시피 그건 분명 셰익스피어가 한 말이지 않은가."

"그래, 맞아. 그건 햄릿 5막 2장에 나오는 말이지. 하지만 데일, 오늘 우리는 점잖은 자리에 초대를 받은 손님이질 않았나? 그런 자리에서 굳이 다른 사람이 틀렸다고 해야 할 필요가 있을까? 만일 잘못된 것을 밝힌다 해도 그 일은 상대방에게 호감을 줄 수가 없다네. 그 사람 체면도 생각을 해줬어야지. 그리고 그 사람은 자네 생각을 물어 본 것이 아니지 않은가. 그 사람은 자네 의견 따위는 듣고 싶지도 않았던 거지. 그런 상황에서 꼭 옳고 그름을 따져야 할까? 자네의 말이 옳다고 해도 그 상황에서는 별 도움이 되지 않는 걸세. 논쟁을 하려면 때와 장소를 가려서 해야지."

'때와 장소를 가려서 논쟁을 해야 한다'

이제 가몬드는 세상을 떠나고 없지만, 그가 남긴 말은 내 가슴에 깊이 남아 있다.

옛날부터 유난히 토론하기를 좋아하던 나에게 그의 말은 큰 교훈이 되었다. 젊었을 때 나는 심지어 세상 모든 일에 대해 의견이 많이 달랐다. 대학을 다닐 때에는 논리학과 웅변에 대해 연구하는 토론회에 참가하기도 했는데, 너무나 논리적이었던 나는 내가 이해할 수 있는 증거를 눈앞에 들이대기 전에는 절대 의견을 굽히지 않았다. 또 얼마 후, 나는 뉴욕에서 토론과 변론술에 대해 가르치기도 했다. 또 그런 내용을 담은 책을 펴낼 계획을 세우기도 했는데 지금 생각해 보면 식은땀이 날 일이다.

영국에서 그 일을 겪은 후, 나는 토론에서 이길 수 있는 가장 좋은 방법은 단 한 가지뿐이라는 결론을 내렸다. 그것은 바로 논쟁을 피하는 것이다. 무서운 독사나 지진을 피하듯이 아예 논쟁을 피하는 것이다. 논쟁은 결국 거의 자기 생각이 옳다는 확신으로 끝나버리는 게 보통이다.

옳고 그름을 가리는 일에서는 사실 이길 수가 없다. 만약 지게되면 정말 말 그대로 진 것이고, 비록 이겼다 하더라도 그 결과는 마찬가지이다. 만일 상대방을 때려눕혔다 해도 역시 그 결과는 마찬가지다. 때려눕힌 쪽은 의기양양해지겠지만, 공격을 당한 쪽은 자존심이 상해버린 나머지 열등감에 휩싸여 화를 낼 것이 틀림없다. 그럼에도 그는 자신이 틀렸다고 생각하지 않는다.

'사람은 억지로 설득을 당하기는 하지만 인정하지는 않는다. 사람들은 한 번 옳다고 믿는 것을 좀처럼 바꾸려 하지 않는다.'

이 말을 명심하라.

벤 생명보험 회사에서는 판매원들에게 다음 방침을 꼭 지키도록 하였다.

'논쟁을 하지 말 것'

진정한 판매원의 능력은 옳고 그름을 따지는 데 있지 않다. 그들은 옳고 그름을 가릴 필요가 없다. 사람의 마음을 옳고 그르다는 잣대로 바꿀 수는 없기 때문이다.

좋은 예를 하나 들어보자.

내 세미나에 패트릭 J.오헤아 라는 아일랜드 사람이 온 적이 있었다. 그는 교양은 별로 없었으나 토론하기를 무척 좋아했다. 자가용 운전수였던 그는 트럭 파는 일을 해보았지만, 일이 잘 풀리지 않아 강습을 받으러 왔다. 나는 우선 그에게 몇 가지 질문을 해보았다. 그랬더니 그가 늘 손님과 시비를 붙거나 짜증을 낸다는 사실을 알아낼 수 있었다. 시비가 붙거나 토론을 벌이게 되면 그는 대부분 이겼다. 그런데도 그는 트럭을 팔지 못했다.

나중에 그는 지나올 날을 돌이키며 이렇게 말했다.

"고객의 사무실에서 나올 때마다, 나는 '그것 봐. 역시 내가 이겼지' 하고 혼잣말로 중얼거렸습니다. 정말 확실히 상대를 무릎 꿇게 만들었던 거죠. 그런데 이상하게도 트럭은 한 대도 팔지 못했습니다."

그때 나는 그에게 대화를 나누는 방법을 가르친 것이 아니라 논쟁을 하지 말라고 이야기해 주었다.

그는 지금 뉴욕 화이트 모터 회사 최고의 세일즈맨이 되었다. 그는 자신이 어떻게 성공할 수 있었는지 다음의 예를 들어 설명하고 있다.

예를 들어 내가 트럭을 팔러 갔는데 '화이트 트럭? 그건 못 쓰겠던데. 거저 줘도 싫어. 트럭이 필요해진다면 나는 후즈이트 제품을 사겠어'라고 말했다고 해보자.

그럴 때는 이렇게 말하는 것이 좋다.

"고객님의 말씀이 옳습니다. 후즈이트 트럭은 정말 괜찮습니다. 아마 그 트럭을 사시면 절대 후회하지 않으실 겁니다. 후즈이트는 회사도 훌륭하고 판매원들도 다들 뛰어납니다."

그러면 상대는 다음에 무슨 말을 어떻게 해야 할지 몰라 어리둥절해 할 것이다. 이 말에는 논쟁을 할 거리가 없기 때문이다. 내가 자신의 의견에 동의하고 있으니, 고객은 계속 후즈이트 트럭이 좋다고 주장할 근거가 사라져버린다. 그런 다음, 우리 회사 트럭의 좋은 점을 천천히 얘기하면 된다.

만일 여전히 내가 예전의 나 같았다면 당장 화를 내며 조목조목 후즈이트 트럭의 나쁜 점을 들며 논쟁을 했을 것이다. 그러나 내가 후즈이트의 나쁜 점을 들며 고객의 화를 돋울수록 고객은 후즈이트 편을 들게 된다. 논쟁이 계속 되는 동안 결국 고객은 더욱더 후즈이트 제품이 더 낫다고 생각하게 된다. 그러면 나는 논쟁에서는 이기지만 세일즈는 실패하는 것이다.

지금 생각해 보면 왜 그런 식으로 세일즈를 했는지, 그렇게 하면서도 여기까지 버텨온 내가 용하기만 하다. 그러나 이제 나는 논쟁을 하지 않고 쓸데없는 말도 하지 않는다. 덕분에 나의 실적은 하루가 다르게 나아지고 있다.

벤저민 프랭클린은 다음과 같이 말한다.

"옳고 그름을 가리거나 반대 의견을 내놓으면 상대방을 누를수는 있다. 그러나 그것은 진짜 이기는 것이 아니다. 왜냐하면 이미 시시비비를 따지고 반대를 하는데 누가 호의적일 수 있겠는가. 옳고 그름을 따지고 든다면 상대방의 호의를 얻어낸다는 것은 포기해야 한다."

한 번 곰곰이 생각해 보라. 논쟁을 통해 화려한 승리를 얻는 것이 좋은가, 아니면 상대방의 호의를 얻는 것이 좋은가? 절대 이 두 가지를 모두 얻을 수는 없다. 반드시 둘 중 하나를 선택할 수밖에 없다.

보스턴 「트랜스크리프트지」에 아래와 같이 의미심장한 시 한 구절이 실린 적이 있다.

여기에 윌리엄 제이가 영원히 잠들다.

죽을 때까지 자기가 옳다고 주장하던 사람-

백번이고 그는 옳은 길을 걷다가 여기에 잠들다.

올바르지 않은 길을 걸은 사람과 마찬가지로 여기 영원히 잠들다.

## 2. 논쟁으로 상대방의 마음을 바꿀 수 없다

논쟁은 설사 그것이 옳다 해도 상대방의 마음을 바꿀 수는 없다. 결국 그것은 틀린 것을 옳다고 주장하는 논쟁과 조금도 다르지 않은 것이다.

우드로 윌슨 내각의 재무장관을 지낸 윌리엄 G.맥도버는 오랫동안 정치 생활을 하면서 '아무리 무식한 인간일지라도 논쟁으로 이기는 것은 불가능하다.' 는 것을 깨달았다고 한다. 그러나 내 경험으로는 그 어떠한 인간에게도 논쟁으로 마음을 바꿀 수는 없는 것이다.

소득세 상담원으로 일하고 있는 프레더릭 S.파슨즈라는 사람이 세무 감사원과 무려 한 시간 동안 논쟁을 벌였다. 9천 달러의 돈이 걸려 있는 중요한 일이었다. 파슨즈는 9천 달러가 악성 채권이므로 도저히 회수하기가 불가능하다며 과세 대상이 되어서는 안 된다고 주장하였다.

"아니, 악성 채권이라니? 말도 안 됩니다. 그건 분명히 과세 대상입니다."

세무 감사원은 자기주장을 굽히지 않았다. 파슨즈는 내 세미나에 와서 그때 대화 내용을 이렇게 밝혔다. 그 감사원은 냉혹하고 거만한 데다 고집스럽기까지 해서, 아무리 이유를 설명하고 사실을 나열해도 전혀 받아들이지 않았다. 논쟁은 하면 할수록 그는 더 고집을 피웠다. 그래서 나는 논쟁을 그만두고 대화의 주제를 바꾸었다. 그러면서 한편으로는 그를 칭찬하기 시작했다.

"이 문제는 당신이 해결해야만 할 그런 일들에 비하면 정말 별거 아닌 일일 겁니다. 저도 조세 공부했고 또 지금도 계속하고 있습니다만, 저야 겨우 책에서 얻은 지식일 뿐입니다. 하지만 당신은 실제 경험을 통해서 지식을 얻지 않습니까? 저도 가끔 당신처럼 실제 업무를 통해 조세 문제를 배우고 싶다는 생각을 합니다. 정말 배울 점이 많을 겁니다."

그러자 이 감사원은 자세를 고쳐 앉더니 자신이 적발한 교묘한 탈세 사건에 대한 이야기를 시작으로 자기 직업에 대한 이야기를 늘어놓기 시작했다. 그의 말투는 점점 부드러워졌다. 그리고 나중에는 아주 사적인 자기 아들의 얘기까지 해주었다. 일을 마치고 돌아갈 때, 감사원은 문제의 항목을 좀 더 생각해 보고 2~3일 내로 연락을 하겠다고 했다. 그리고 3일 후, 사무실로 찾아온 그는 9천 달러가 과세 대상에서 제외되었다고 말했다.

이 감사원은 인간이 가진 가장 보편적인 약점을 드러낸 것이다. 그는 파슨즈 씨와 논쟁을 하면서 자신의 권위와 중요성을 내세우고 싶었다. 그런데 갑자기 자기의 중요성을 인정받아 논쟁할 필요가 없어지자, 그는 곧바로 친절하고 착한 사람으로 변한 것이다.

나폴레옹의 집사인 콘스탄트는 황후 조세핀과 자주 당구를 쳤다. 그는 『나폴레옹의 사생활 회고록』에 이 일을 이렇게 적어주었다.

'나는 당구를 꽤 잘 치는 편이지만 늘 황후에게 양보를 했다. 황후는 자신이 나를 이기고 있다는 사실을 매우 기뻐했다.'

이 말은 매우 귀중한 교훈을 담고 있다. 손님이나 애인과 또는 남편이나 아내와 말다툼을 하게 된다면 승리를 상대방에게 양보하라.

부처님은 '미움은 결코 미움으로써 사라지지 않는다. 미움은 사랑을 통해 비로소 사라진다' 라고 말했다.

논쟁도 마찬가지이다. 논쟁을 통해서는 절대 오해를 풀 수 없다. 임기응변에 뛰어나고 사교적이며 상대방을 이해하고 공감하려고 하는 마음이 있어야 오해를 풀 수 있는 것이다.

링컨은 동료와 자주 말다툼을 벌이는 청년 장교를 이렇게 나무란 적이 있다.

"스스로 발전하려는 사람은 논쟁 따위나 하고 있을 여유도 없는 법이네. 더구나 논쟁의 끝은 불 보듯 뻔하지 않은가? 그저 마음이 불쾌해지거나 자제심을 잃어버릴 뿐이지. 그런데 자네는 어찌 논쟁

따위로 시간을 낭비하고 있단 말인가? 자신이 그리 옳지 않다면 아무리 중요한 일이라도 상대방에게 양보해야 하네. 만일 자네가 모두 맞다고 하더라도, 그 일이 별일 아니면 그냥 양보하는 게 좋네. 거리에서 사나운 개를 만났을 때, 먼저 길을 지나갈 권리를 주장하며 싸우기보다는 개에게 길을 비켜주는 것이 낫네. 만일 싸워 개를 죽였다 해도 자네에게는 쉽게 낫지 않는 상처만 남을 뿐이지."

「비츠 앤드 피시즈지」에 실린 기사에서 의견의 차이가 있을지라도 논쟁을 벌이지 않는 방법에 대해 몇 가지 제안을 하고 있다.

첫째, 의견이 서로 다르다는 것을 기꺼이 환영하라. '두 사람의 의견이 항상 일치한다면 두 사람 중 한 사람은 불필요한 인물이다'라는 슬로건을 기억하라. 한 번도 생각해 본 적이 없는 문제에 부딪히게 될 때 당신이 그 문제에 관심을 갖게 된 것을 감사하라. 아마 그것은 당신이 심각한 실수를 저지르기 전에 자신을 바로잡을 수 있는 기회가 될지도 모른다.

둘째, 맨 처음에 본능적으로 떠오르는 느낌을 믿지 마라. 의견의 차이가 생기는 상황 속에서 우리가 가장 먼저 자연적으로 취하는 반응은 자신을 변호하려는 태도이다. 이것을 조심하라. 침묵을 지키면서 당신의 첫 반응을 조심해야 한다. 그것은 당신으로 하여금 최선이 아닌 최악의 사태로 몰리게 할지도 모르기 때문이다.

셋째, 당신의 감정을 조절하라. 무엇이 어떤 사람을 화나게 하는

지를 보고 그 사람의 실체를 파악할 수 있다는 것을 기억하라.

넷째, 먼저 귀를 기울여라. 상대방이 말할 기회를 주어라. 상대방이 그 말을 끝낼 수 있도록 하라. 방해하거나 말을 가로막거나 논쟁하지 마라. 이런 일은 장애물만 생겨나게 할 뿐이다. 이해의 다리를 만들도록 노력하라. 오해라는 더 높은 장벽을 만들지 마라. 의견의 일치를 이루는 부분을 찾아라. 상대방의 말을 다 들어본 다음 당신이 그 사람과 동의하는 부분들을 생각하라.

다섯째, 당신의 실수를 인정하고 시인할 수 있는 부분을 찾도록 하라. 실수에 대해서 사과하라. 그러면 상대방은 마음을 누그러뜨리고 논쟁하려는 태도를 늦추게 될 것이다.

여섯째, 상대방의 생각을 다시 한번 심사숙고하여 신중히 연구 검토하겠다는 약속을 하라. 그리고 정말로 그렇게 하라. 상대방이 옳을지도 모른다. 이 단계에서 성급하게 행동하여 상대방이 당신에게 "말을 하려 했으나 당신이 듣지 않으려고 했잖소?"라는 말을 하게 하는 상황에 처하느니 차라리 그들의 생각을 고려해 보는 편이 훨씬 더 쉬운 일이다.

일곱째, 상대방이 관심을 가져주는 데 대해 진심으로 감사하라. 당신에게 반대하기 위해 시간을 낼 수 있는 사람이라면 당신이 관심을 가지고 있는 분야에 관심이 있는 사람이다. 그들이 정말 당신을 도와주고 싶어 하는 사람이라는 생각을 하면 당신은 적을 친구로 바꿀 수 있다.

여덟째, 문제를 철저하게 생각할 수 있는 시간을 갖기 위해 당신의 행동을 뒤로 미뤄라. 그날 늦게라도 아니면 그다음 날 다시 만나자고 하는 제안을 하라. 그때는 모든 사실을 다시 검토할 수 있다. 그 준비 과정으로 자신에게 다음과 같은 몇 가지 어려운 질문을 해보아라.

아홉째, 상대방이 옳을까? 부분적이라도 그것이 옳은 생각일까? 그들이 취하는 입장이나 주장에 진실이나 장점이 담겨 있는가? 내 행동이 문제 해결에 도움이 될까? 아니면 분노를 다소 해소시키는 데 지나지 않을까? 내가 취한 반응으로 인해서 상대방과 더 멀어질까, 아니면 더 가까워질까? 사람들이 나에 대한 평가를 더 좋은 쪽으로 내리게 하는 것일까? 나는 이길까, 아니면 질 것인가? 이기게 된다면 어떤 대가를 치르게 될까? 만일 내가 잠자코 있으면 서로간의 의견 대립이 잠잠해질까? 이런 어려운 상황이 나에게 어떤 기회가 될 수 있을까?

# 2. 상대방의 의견을 존중하고
# 잘못을 탓하지 마라

There is always a better way.
더 나은 방법은 항상 존재한다.
Thomas Alva Edison(미국의 발명가, 기업가)

### 1. 상대방의 잘못을 지적하지 마라

시어도어 루스벨트는 대통령이 되었을 때 자기가 생각하는 일의 100가지 중에서 77가지만 옳으면, 자기로서는 더 이상 바랄 것이 없다고 말한 적이 있었다. 20세기 세계 제일의 인물이 이 정도의 바람을 갖고 있는데, 하물며 평범한 우리는 어느 정도일까?

자기 생각의 55%가 옳다고 믿는 사람은 하루에 백만 달러를 벌고, 요트를 사고, 세상 제일의 미인과 결혼도 할 수 있을 것이다. 그러나 그 이하라면 남의 잘못을 지적할 자격도 없다. 굳이 말하지 않더라도 눈짓이나 몸짓으로 혹은 말투로 상대방의 잘못을 지적할 수도 있는데 이것은 상대방을 욕하는 것과 같다.

그렇다면 사람은 도대체 왜, 무엇 때문에 상대방의 잘못을 지적하는 것일까? 상대방의 동의를 얻기 위하여? 절대 그렇지는 않다. 내가 잘못을 지적하면 상대방은 자신의 지능과 판단, 자존심, 긍지에 상처를 입었다고 느낀다. 그래서 정말 잘못했다 해도 그것을 인정하려고 하지 않는다. 그럴 때는 아무리 플라톤이나 칸트의 논리를 내세워도 상대방의 생각을 바꿔놓지 못한다. 이미 상처를 입은 것은 논리가 아니라 감정이기 때문이다.

"그럼 당신에게 그 이유를 알려주겠소."

이런 말은 절대 하지 말아야 한다. 이것은 "내가 당신보다 머리가 좋으니 당신의 생각을 고쳐주지."라고 말하는 것과 같다.

이는 그야말로 도전적인 말이다. 그래서 상대방은 반항심을 가지고 전투 준비를 하게 되는 것이다. 상대방을 설득하려면 상대방이 그걸 눈치채지 못하도록 교묘하게 해야 한다.

'가르치지 않는 척하면서 상대를 가르치고, 만약 상대방이 그 사실을 모르더라도 그가 그것을 잊어버린 걸 생각나듯이 말하라.'

이것이 비결이다.


영국의 정치가 체스터필드 경이 그의 자녀들에게 남긴 처세술중에 이런 말이 있다.

'가능한 한 남보다 똑똑해져라. 그러나 남이 그것을 알게 해서는 안 된다.'


이제 나는 20년 전에 사실이라고 믿었던 진리를 거의 모두 믿지 못하게 되었다. 아마 아직까지 믿고 있는 것이라곤 구구단뿐일 것이다. 그런데 요즘 아인슈타인의 책을 읽고 나서는 그 구구단조차 의심스러워졌다. 만약 앞으로 20년이 지난다면 나는 아마 이 책에서 주장하고 있는 것까지 믿지 않게 될지도 모른다. 모든 것이 불확실하다.

소크라테스는 제자들에게 이렇게 말했다.

"나는 오직 한 가지밖에 모른다. 그것은 내가 아무것도 아는 것이 없다는 것이다."

내가 아무리 잘났다 하더라도 소크라테스보다 현명할 리는 없을 것이다. 그래서 나는 남의 잘못을 지적하는 일은 절대로 하지 않기로 결심하였다. 그 결과 나는 살아가면서 무척 많은 이득을 보았다.

상대방이 틀렸다고 생각될 때는 이렇게 말해 보라.

"나는 그렇게 생각하고 있지 않습니다만, 내가 틀렸을 수도 있겠죠. 다시 한 번 잘 생각해 봅시다."

이런 말은 신기하리만큼 효과가 좋다. 아마 이 점에 대해서는 반대할 사람이 별로 없을 것이다. 이 방법은 또한 상당히 과학적이기도 하다.

유명한 북극 탐험가인 과학자 스토퍼슨은 1년 동안 물과 고기만으로 북극에서 견뎌낸 사람인데, 나는 그가 하고 있는 어떤 실험 얘기를 들은 적이 있었다. 그때 나는 그 실험으로 무엇을 증명하려 하는지를 묻자, 그는 간단히 대답했다.

"과학자는 아무것도 증명하려 하지 않습니다. 다만 사실을 발견하려고 노력할 뿐이죠."

나는 아직도 스토퍼슨의 말이 잊혀지지 않는다. 왜 우리도 스토퍼슨처럼 과학적으로 사물을 바라보지 않는 걸까? 이런 생각은 스스로 노력만 하면 얼마든지 실천할 수 있을 것이다.

'아마 그것은 제가 잘못 생각한 것일지도 모릅니다.' 하고 말하면, 귀찮은 일이 벌어질 염려는 절대로 없다. 오히려 그것으로 논쟁은 사라지고, 상대방 또한 나에게 너그럽고 공정한 태도를 취하게 될 것이다. 그리고 자신도 틀렸을지 모른다고 스스로 반성하게 될 것이다.

상대방이 틀린 것이 확실하다 해서 그것을 노골적으로 지적하면 어떤 일이 벌어질까? 좋은 예를 들어보자.

뉴욕의 젊은 변호사 S 씨가 미국 최고 재판소 법정에서 변론을 하고 있었다. 그 사건에는 상당한 금액의 돈이 연관되어 있었다. 한창 재판이 진행 중인데, 재판관이 S 씨에게 물었다.

"해사법에서 말하는 법정 기한은 6년이지요?"

S 씨는 약간 당황했다. 그러나 잠시 후, 그는 아주 퉁명스럽게 대답했다.

"재판관님, 해사법에는 법정 기한이라는 것이 없습니다."

순간, 법정은 찬물을 끼얹은 듯 조용해졌다. S 씨는 단지 자신의 말이 옳고, 재판관이 틀렸다는 것만을 지적했을 뿐이었다. 그러나 재판관은 그 일로 S 씨에게 호의를 가졌을까? S 씨는 지금도 자신이 옳았고, 그때의 변론으로 좀처럼 드문 성과를 얻었다고 믿고 있지만, 당시 그는 전혀 상대방을 설득시킬 힘은 없었던 것이다. S 씨는 직접적으로 잘못을 지적해서 재판관이 수치감을 느끼게 한 큰 실수를 저질렀을 뿐이다.

원칙대로만 움직이는 인간은 거의 없다.

사람들의 생각은 대부분 오히려 편견, 선입관, 질투, 시기심, 공포감, 자부심 등의 뒤틀린 마음 때문에 한쪽으로 기울어 있다. 그래서 자신들의 사상이나 종교, 머리 깎는 법 등에 대해서조차도 좀처럼 생각을 바꾸려 하지 않는 것이다.

어느 날 나는 실내 인테리어 디자이너에게 사무실 커튼을 주문한 적이 있었다. 그런데 며칠 후 청구서를 받고는 생각보다 너무 비싼 금액 때문에 무척 당황했었다. 그러던 얼마 후, 내 사무실을 방문한 어떤 부인이 그 커튼을 유심히 보고 있었다. 그녀가 관심을 기울인 탓에 나는 얼마를 들인 커튼인지 이야기해 주었다. 그랬더니 그녀는 비웃는 듯한 말투로 이렇게 말하는 것이었다.

"너무 비싸네요! 돈을 많이 버신 모양이죠?"

그녀가 비아냥거리는 것은 어쩌면 당연했다. 그러나 어리석다고 비웃음거리가 되었을 때, 흔쾌히 귀를 기울이는 사람은 거의 없을 것이다. 나 역시 싼 것은 싼값을 하게 마련이라느니, 고급 예술품이니 비싼 것이 당연하다느니 하는 식으로 말을 늘어놓으며 애써 자변호를 하였다.

다음날, 다른 부인이 찾아와서는 부러운 눈으로 커튼을 쳐다보았다. 그녀는 자기도 그 커튼을 꼭 갖고 싶다고 수선을 떨었다. 그때의 내 반응이 어땠을까? 당연히 나의 반응은 그 전날과 완전히 달랐다.

"사실 나는 이런 물건을 살 만한 능력이 없어요. 그래서 괜히 이런 물건을 주문했다고 후회하고 있답니다."

이처럼 잘못을 스스로 인정하는 일도 흔히 있는 법이다. 만일 남으로부터 잘못을 지적받는다 해도, 상대방이 부드럽고 친절하다면 머리를 숙이고 자기의 잘못을 깨끗이 인정한다. 그럼으로써 오히려 자신이 솔직했다는 것을 자랑으로 느끼는 경우도 있다. 그러나 상대방이 자꾸 잘못했다고 우겨대면 그것은 그리 쉬운 일이 아닐 것이다.

## 2. 논쟁은 친구를 적으로 만든다

남북전쟁이 한창일 때, 미국 전역에 이름을 떨친 호러스 그릴리라는 편집장이 있었다. 그는 강력하게 링컨의 정책에 반대했다. 그의 주장은 링컨에 대한 조소와 비난 따위로 가득 차 있었다. 이런 그의 노력은 몇 년 동안이나 계속되었다. 링컨이 부즈의 흉탄을 맞고 쓰러진 날에도, 그는 링컨에 대해 불손하기 짝이 없는 인신공격을 서슴지 않았다.

그래서 링컨의 생각이 바뀌었을까? 당연히 그렇지 않았다. 조소나 비난으로 상대방의 생각을 바꿀 수는 없다.

사람을 다루는 법과 인격을 연마하는 방법을 알고 싶다면, 『벤저민 프랭클린의 자서전』을 읽어 보라. 그 책은 논쟁을 즐기는 나쁜 버릇을 이겨내는 방법과 다른 사람의 충고를 잘 들을 수 있는 비결에 대해 많은 이야기를 들려준다.

프랭클린이 혈기 왕성하던 청년 시절의 이야기이다. 어느 날 그는 아무도 없는 곳에서 퀘이커 교도인 자신의 친구로부터 따끔한 설교를 들은 적이 있었다.

"벤저민, 자네는 틀렸어. 자네는 자네와 의견이 다른 사람에게 마치 모욕을 주듯 논쟁을 벌이곤 하는데, 너무 그러면 앞으로 자네 말을 들어줄 사람이 아무도 없을 거야. 지금 자네 친구들은 차라리 자네가 옆에 없는 것을 좋아하고 있지 않나? 자네가 스스로 유식하다고 생각하고 있으니까 아무도 자네에게 말을 걸려고 하지 않는 거야. 왜냐하면 자네와 얘기를 하면 무식이 들통 날 것 같고 기분이 상하기 때문이지. 그런 식이라면 자네는 더 이상 발전할 수 없게 될지도 몰라."

내가 프랭클린을 존경하는 가장 큰 이유 중의 하나가 바로 이렇게 비난을 달게 들을 줄 아는 그의 태도이다. 그는 이 친구의 충고를 듣고 자신이 어쩌면 실패한 삶을 살게 될지도 모른다는 점을 깨달았다. 그래서 그는 마음을 고쳐 먹고 거만하고 독선적인 태도를 바꾸기로 결심했다. 프랭클린은 그때의 일을 이렇게 회상했다.

나는 남의 의견에 정면으로 반대하고 나서거나 나의 의견을 단정적으로 말하지 않기로 결심하였다.

결정적인 것을 의미하는 말, 예를 들면 '확실히'라든가 '틀림없이'와 같은 말은 절대 사용하지 않고, 그 대신 '나는 이렇게 생각합니다만…'이라든가 '나도 그렇게 생각하지만…'이라는 말을 쓰기로 했다. 분명히 상대방이 잘못을 주장하더라도 곧장 그것을 지적하지는 않았다. 그 대신 '그런 경우도 있습니다만, 이런 경우는 좀 사정이 다를 것 같은데…' 하는 식으로 완곡하게 말했다.

이렇게 방법을 바꾸자 대화는 좀 더 오래 지속되었고, 나의 겸손한 의견에 상대방도 곧 납득을 하고, 내 말에 반박하는 사람도 적어졌다. 그리고 내 잘못을 인정하는 것이 그다지 고통스러운 일이 아니라는 것을 알게 되었다. 또 상대방도 자신의 잘못을 보다 쉽게 인정할 수 있게 되었다.

처음 이 방법을 쓰기 시작했을 무렵에는 나는 따지기 좋아하는 성격을 억누르느라 굉장히 힘들었다. 그러나 나는 곧 그것을 이겨냈고, 이내 습관이 되었다. 그래서 아마 지난 55년 동안은 아무도 내가 독단적인 말을 쓰는 것을 듣지 못했을 것이다. 내가 새로운 제도를 구상하거나 옛 제도를 개혁하자고 할 때마다 모든 사람이 바로 찬성해 준 것도, 시의회 의원으로서 시의회를 주도적으로 움직일 수 있었던 것도 제2의 천성이 되어버린 바로 이 방법 덕분이었다.

나는 입담도 없었을뿐더러 결코 달변가도 아니었다. 늘 대화를 나눌 때마다 적당한 말을 고르느라 진땀을 뺐고, 그렇게 생각해 낸 말도 적절한 경우가 드물었다. 그러면서도 나는 적절히 주장을 펼쳐나갈 수 있었다. 이것은 모두 나에게 따끔한 충고를 해준 그 친구 덕분이었다.

이러한 프랭클린의 방법이 과연 비즈니스에도 도움이 될까? 예를 하나 들어보자. 다음은 뉴욕 리버티 가에서 제유와 관계된 특수 장치를 판매하고 있는 F.J. 마하니 씨의 이야기이다.

롱아일랜드 어느 거래처로부터 제작 주문을 받은 마하니 씨는 상대방에게 청사진을 제시했다. 그리고 좋다는 결론을 얻었고 곧 그 장치를 만들기 시작했다. 그런데 뜻밖의 문제가 생겼다. 그것을 주문한 거래처 사장이 자기 친구들에게 그 장치에 대해 이야기를 했던 것이다. 그런데 그 친구들은 그 장치에 혹시 있을지도 모를 결함에 대해 자꾸 입방아를 찧어댔다. 거래처 사장은 터무니없는 물건에 속아 넘어갔다고 생각했고 장치에 대해 이런저런 트집을 잡으며 마구 불평을 해대기 시작했다. 그러더니 끝내는 화를 내며 작업 중이던 주문품을 인수할 수 없다고 버티는 것이었다. 마하니 씨는 그때의 상황을 이렇게 회고했다.

그 제품을 일일이 다시 살펴본 나는 어떠한 결함도 없다는 것을 확신하였습니다. 거래처 사장과 그 친구들의 이야기는 전혀 황당한 것이었지만, 그렇다고 그것을 사실대로 지적할 수는 없었습니다. 만일 그의 기분이 상하기라도 하는 날에는 모든 게 끝장이었으니까요. 나는 그를 만나기 위해서 롱아일랜드로 갔습니다.

그의 사무실에 들어서자마자, 나는 험한 표정을 짓고 있는 그를 만날 수 있었습니다. 그는 너무 흥분한 나머지 당장이라도 내게 덤벼들 듯했습니다. 나는 그가 실컷 화를 내도록 내버려 두었습니다.

한참 뒤, 그가 불쑥 내뱉었습니다.

"자, 이제 어떻게 할 거요?"

나는 조용히 말했습니다.

"당신이 원하는 대로 하겠습니다. 나는 고객이 원하는 제품을 팔아야 하니까요. 그러나 누군가가 책임을 져야겠죠. 만약 당신이 옳다고 생각한다면 새로운 설계도를 주십시오. 지금까지 우리는 그 제품을 위해 2천 달러를 투자했습니다. 하지만 당신을 위해 기꺼이 그 돈을 부담하겠습니다. 그러나 당신이 설계한 대로 제작했을 경우 문제가 생기면, 그 책임은 당신이 져야 할 것입니다."

나는 잠시 쉬었다가 이렇게 말을 끝맺었습니다.

"그러나 우리가 설계한 대로 그냥 제작을 맡긴다면, 그에 따르는 책임은 당연히 우리가 질 것입니다."

내 말을 들은 그는 어느 정도 흥분을 가라앉혔습니다. 잠시 후, 그는 결국 이렇게 말했습니다.

"좋소. 당신 말대로 하시오. 그러나 만약 당신 설계가 틀렸을 경우 손해는 감수해야 할 것이오."

물론 우리는 추호도 하자가 없는 제품을 생산해 냈습니다. 그러자 그는 똑같은 제품을 두 개나 더 주문했습니다. 내가 그때 그 사람으로부터 받은 모욕은 이루 말할 수 없을 정도로 심한 것이었습니다. 심지어 그는 나에게 풋내기라고까지 말했으니까요. 보통 이럴 때 논쟁을 피하기는 쉽지 않습니다. 그러나 참은 만큼 보람은 있었습니다. 만약 그때 내가 화를 내고 싸웠더라면 어떻게 되었을까요?

모르긴 해도 법정까지 가서 시시비비를 가리고, 결국 나는 소중한 고객 하나를 잃었을 것입니다. 그때 경험을 통해서 나는 상대의 잘못을 따지는 게 아무런 이득이 안 된다는 것을 깨달았습니다.

이런 얘기는 결코 기발한 아이디어가 아니다. 예수는 1900년 전에 이미 '어서 너의 적과 화해하라'고 가르쳤다. 상대방이 누가 되었든 결코 시비를 가리는 논쟁을 해서는 안 된다. 잘못을 지적해 그가 화를 내도록 하지 말고 외교적 수완을 발휘하라는 뜻이다.

기원전 2200년 이집트 왕 아크토이는 자신의 왕자에게 이렇게 가르쳤다.

"상대방을 납득시키려면 외교적인 사람이 되어야 한다."

다시 한번 강조하지만, 상대방의 의견에 경의를 나타내고 결코 상대방의 잘못을 지적하지 마라.

# 3. 잘못했다면 즉시
# 인정하고 사과하라

## 1. 자기 잘못은 과감하게 인정하라

나는 뉴욕 중심가에 살고 있는데, 집 옆에 원시림이 있어 전혀 뉴욕의 중심가에 살고 있다는 생각이 들지 않는다. 이 숲속에는 봄이 되면 검은 딸기나무가 자그마한 흰 꽃을 가득 피운다. 그리고 다람쥐가 그 주변에 집 구멍을 만들어 놓고 새끼를 키우고 있으며, 잡초는 말의 키만큼이나 높이 자라나 있다.

사람들은 이 원시림을 포리스트 공원이라고 부르는데, 이 숲의 모습은 아마 콜럼버스가 아메리카를 처음 발견하였을 때의 숲과 크게 다르지 않을 것이다. 나는 렉스라고 불리는 포스턴 불독을 데리고 이 공원으로 자주 산책을 한다. 렉스는 사람을 잘 따르기 때문에 나는 렉스에게 쇠줄과 입마개를 하지 않는다.

그러던 어느 날, 나는 공원 안에서 경관을 만났다. 그런데 그는 아마 자기의 권위를 과시하고 싶어서 안달이 나 있는 사람 같았다. 그는 대뜸 나를 윽박질렀다.

"입마개도 하지 않고 개를 데리고 다니다니, 이게 법률에 어긋난다는 사실을 모르오?"

"잘 알고 있습니다. 하지만 이 개는 사람을 아주 좋아한답니다. 그래서 괜찮을 것이라고 생각했습니다만…"

나는 조용히 대답했다.

"생각했다구요! 그게 대체 무슨 뜻이오? 생각만 하면 법률이 바뀐답니까? 댁의 개가 다람쥐나 아이들을 물지 않는다고 누가 보장합니까? 오늘은 봐주겠지만, 다음에 또 이런 일이 생기면 법원에 가야 할 거요!"

나는 앞으로 조심하겠다고 순순히 약속하였다. 그리고 나는 약속을 지켰다. 그러나 얼마 후, 렉스가 너무 입마개를 싫어하고 나도 또 굳이 그러고 싶지 않아 입마개를 하지 않고 공원을 산책하기 시작했다. 한동안은 아무 일 없이 지나갔다. 그러던 어느 날 기어이 일이 터지고 말았다.

나와 렉스가 비탈길을 뛰어 올라가는데, 난데없이 엄숙한 법의 수호자가 밤색 털 말을 타고 길을 막아선 것이다. 순간 당황한 나는 걸음을 멈추었지만, 아무것도 모르는 렉스는 똑바로 경관 쪽을 향해 달려나갔다. 모든 것을 단념한 나는 경관이 호통을 치기 전에 먼저 입을 열었다.

"미안합니다. 기어코 현행범으로 잡히고 말았군요. 뭐라고 할 말이 없습니다. 지난주에 주의를 받았는데도….."

"그렇긴 하지만, 사람이 없을 때는 괜찮습니다."

경관의 목소리는 부드럽기 그지없었다.

"그래도 법은 법이니까요."

"하지만 이런 작은 개가 뭘 어쩌겠습니까?"

경관은 오히려 동정적인 발언까지 하는 것이었다.

"아닙니다. 사람은 아니더라도, 혹 다람쥐라도 물게 되면….."

"그건 지나친 염려요. 그럼 이렇게 하시오. 언덕 저쪽으로 가서 개를 놓아주시오. 그러면 내 눈에 띄지 않을 테니까요."

경관도 역시 인간이다. 그에게도 자기 과시가 필요했다. 그런 그의 권위 의식을 만족시켜 주는 유일한 방법은 스스로 잘못을 인정하는 솔직함이었다. 그때 만약 내가 변명을 하고 잘못을 회피하려 했다면 어떻게 되었을까? 나는 결국 경관과 시비를 벌일 수밖에 없었을 것이다.

그러나 나는 경관과 논쟁을 벌이는 대신, 먼저 그쪽이 옳고 내가 잘못했다고 했다. 그러자 서로 양보하는 마음이 생겨난 것이다. 내가 상대방의 입장이 되어 문제를 풀어나가자, 공원에서의 그 에피소드는 흐뭇하게 해결되었다. 이처럼 자기의 잘못이 확실하다면, 상대방이 비난하기 전에 스스로 자기를 꾸짖는 게 훨씬 낫다. 남의 비난을 받기보다는 스스로 잘못을 인정하는 것이 훨씬 마음 편하기 때문이다. 그렇게 하면 상대방은 할 말이 없어진다. 그리고 상대방은 십

중팔구 관대해지고, 잘못을 용서하는 태도를 취할 것이다. 나와 렉스를 용서한 경관처럼 말이다.

상업 미술가인 페르디난트 E.워렌은 이 방법을 사용해서 성미가 까다로운 고객의 환심을 산 적이 있었다.

"광고나 인쇄용 그림을 제작할 때는 무엇보다 면밀하고 정확해야 한다."

워렌 씨는 이렇게 전제한 뒤, 이야기를 시작했다. 미술 편집을 맡고 있는 사람들은 무턱대고 자신이 주문한 일을 독촉하는 경우가 많은데, 미술가들은 그런 심적 부담 때문에 오히려 사소한 실수를 범할 때가 있다. 내가 알고 있는 미술 감독 중에 그런 작품에서 사소한 잘못을 찾아내어 즐기는 사람이 있다. 비평 내용은 그렇다 치고, 나는 그의 비평 방법이 은근히 싫었다.

그런데 최근 나는 그에게 주문받은 작품을 서둘러 마치고 그것을 납품한 적이 있었다. 얼마 후, 그로부터 자기 사무실로 빨리 와달라는 전화가 걸려왔다. 문제가 생겼다는 것이다. 예상한 대로 그는 잔뜩 인상을 찌푸리고 있었다. 그는 나를 보자마자 마구 혹평을 해대기 시작했다. 마치 자기 비평 방법을 과시할 기회를 만났다는 듯이… 그래서 나는 이렇게 말했다.

"당신의 말이 사실이라면 제 잘못이 틀림없을 겁니다. 뭐라고 드릴 말씀이 없습니다. 부끄러울 뿐입니다."

그러자 그는 즉시 태도를 바꾸었다.

"그 정도는 아닙니다. 마음에 안 들기는 하지만…"

그는 뭐라고 말을 이으려 했으나 나는 여유를 주지 않았다.

"하지만 그건 제 잘못이 분명합니다."

나는 마음속으로 쾌재를 불렀다. 그리고 이렇게 제의했다.

"좀 더 신중했어야 했는데… 미안합니다. 당신 마음에 들도록 다시 만들어보겠습니다.

그러자 그는 한 걸음 물러섰다.

"그렇게까지 수고를 끼칠 생각은 없습니다."

그리고 조금만 수정해 주었으면 좋겠다고 말하였다. 내가 저지른 잘못으로 인해 당장 손해가 생긴 것도 아니고, 사소한 문제이니 그렇게 속을 태울 필요가 없다는 것이었다. 내가 오히려 나 자신을 비판하자 그는 콧대가 꺾이고 만 것이다. 결국, 이 사건은 내가 그에게 점심을 대접하는 것으로 끝이 났다. 그는 헤어지기 전에, 그 작업에 대한 보수와 함께 다른 일거리 하나를 더 주문하기까지 했다.

## 2. 지는 것이 이기는 것

어떤 바보라도 자기 잘못에 대한 핑계쯤은 댈 줄 안다. 사실 바보들은 대개 그런 짓을 곧잘 한다. 그러나 자기의 잘못을 인정하면 상대방의 위신을 세워주고, 스스로 자신의 솔직함에 자긍심을 느끼는 일석이조의 효과가 있다. 그 예로 남북전쟁 당시 남군 총사령관이었던 로버트 E.리 장군의 전기에 기록된 미담 한 가지를 소개해 본다.

리 장군의 부하인 피케트 장군이 게티스버그 전투에서 패했을 때, 그 책임을 리 장군 혼자 짊어진 일이 있었다. 게티스버그에서 피케트 장군의 전투는 서양 전쟁사 중에서도 그 예를 찾아보기 힘들 만큼 치열했다. 용맹스러운 피케트 장군은 붉은 갈색 머리칼을 어깨까지 길게 늘어뜨리고 전투를 지휘했다.

운명의 그 날 오후, 그는 모자를 비스듬히 쓰고 말에 올랐다. 그가 진격을 명하자, 부하들은 함성을 질러댔다. 군사들은 깃발을 바람에 나부끼며 번쩍이는 총검을 들고 속속 장군의 뒤를 따랐다. 참으로 용맹스런 광경이었다. 그러자 적진에서도 곧 함성이 일어났다.

피케트 장군의 부대는 적탄을 무릅쓰고 들을 넘고 산을 넘어 물밀듯이 진격해 들어갔다. 세미터리 리치에 도착하자, 갑자기 돌담 뒤에 매복해 있던 북군이 피케트 부대를 향해 일제 사격을 퍼붓기 시작했다. 세미터리 리치 언덕은 순식간에 아수라장이 되었다. 피케트 부대의 지휘관 중 이 전투에서 살아남은 장교는 한 사람뿐이었다. 그리고 5천 명의 군사 중 4천 명이 전사했다.

아미스테 대장이 남은 병사를 이끌고 최후의 돌격을 감행하였다. 그는 돌담에 걸터앉아 총검 끝에 모자를 얹고, 큰소리로 돌격을 외쳤다. 돌담을 뛰어넘어 적진으로 들어간 남군은 마침내 남군의 군기를 세미터리 리치에 꽂는 데 성공하였다.

그러나 그 기쁨은 헛된 것이었다. 피케트의 작전은 현명하고 용감무쌍한 작전이었으나 남군은 너무나 많은 군사를 잃었고, 그것이 결국에는 남군이 패배하는 시발점이 되었다. 결국 이 작전은 실패한 것이나 마찬가지였던 것이다. 이로써 남부 연맹의 운명이 결정되었다.

완전히 의욕을 상실한 리 장군은 당시의 남부 연맹 대통령이던 제퍼슨 데이비스에게 사표를 제출했다. 그리고 자기보다 젊고 유능한 인물을 후임으로 임명해 줄 것을 건의하였다. 그러나 리 장군은 피케트의 실패 책임을 다른 사람에게 떠넘기려 했다면, 얼마든지 그렇게 할 수 있었을 것이다. 더구나 휘하의 장교 중에서는 그의 명령을 어긴 사람도 있었다. 기병대의 돌격 시간도 늦었고, 작전이 실패한 이유는 여러 가지였다.

그러나 그는 남에게 책임을 전가하기에는 너무나도 고결한 인물이었다. 패배한 피케트 부대의 군사들을 맞이하면서도 리 장군은 한결같이 자기 자신을 책망하였다. 그것은 참으로 숭고한 자세였다. 그는 병사들이 향해 이렇게 말했다.

"모든 게 나의 잘못 때문입니다. 모든 책임은 내가 지겠습니다."

아마 부하들에게 이런 사죄의 말을 할 수 있는 용기와 인격을 두루 갖춘 장군은 동서양의 전쟁사를 통해서도 보기 드물 것이다.

알버트 하버드는 참으로 독창적인 작가지만, 그만큼 독자들의 감정을 자극한 작가도 드물 것이다. 그의 신랄한 문장은 몇 번이나 여론의 맹렬한 반격을 받았다. 그러나 사람을 잘 다룰 줄 아는 그는, 그때마다 비판자들을 자기편으로 만들어버렸다.

독자로부터 혹독한 항의가 들어올 경우, 그는 이런 내용으로 답장을 보내곤 했다.

실은 나 자신도 그 문제에 대해 큰 의문을 느끼고 있습니다. 어제의 내 의견이 반드시 오늘의 내 의견일 수는 없습니다. 귀하의 의견을 듣고 오늘 나는 귀하의 의견이 나와 같다는 사실을 알았습니다. 이곳으로 오실 일이 있으시면 저의 집을 방문해 주시기 바랍니다. 다시 한 번 귀하의 의견과 나의 의견이 일치하는 기쁨을 나누고 싶습니다.

이런 식으로 자기를 낮추니, 대부분의 사람은 더 이상 아무런 말도 할 수 없게 되었다.

설령 자신이 옳더라도 상대방을 친절하고 교묘하게 설득해 보라.

자기가 옳다고 확신한 것이 틀릴 경우는 얼마든지 있는 법이다. 그러므로 자신의 잘못이 명백할 때는 자기의 잘못을 기꺼이 시인하도록 하라. 그러면 예상 밖의 효과가 있을 것이다. 괴로운 변명을 하기보다는, 그렇게 하는 편이 훨씬 유쾌하다. '지는 것이 이기는 것'이라는 속담도 있지 않은가?

# 4. 우호적이고 겸손한
# 태도로 대하라

Often you have to rely on intuition.
때로는 직관이 의지가 되기도 한다.
William Henry Bill Gates(미국의 실업가, 마이크로 소프트사의 공동 창업자)

## 1. 부드럽고 친절하게 말하라

당신이 화가 났을 때 상대방을 마음껏 비난하고 나면 가슴이 후련해질 것이다. 그러나 비난을 당한 쪽은 어떨까? 호되게 비난을 당하고 나서 내 마음대로 움직여줄 사람은 과연 얼마나 될까?

우드로 윌슨 대통령은 이런 말을 했다.

"만약 상대방이 주먹을 움켜쥐고 달려들면, 이쪽도 지지 않고 주먹을 움켜쥐고 맞서는 것이 당연하다. 그러나 상대방이 '다시 한번 잘 의논해 봅시다. 그리고 만약 의견이 다르다면, 그 이유나 문제점이 무엇인지 찾아보도록 하죠' 라고 조용하게 말한다면 어떻게 될까? 그러면 두 사람의 의견 차이는 생각했던 것보다 그리 심하지 않다는 사실을 알 수 있을 것이다. 그런 다음에는 서로 인내와 솔직함과 선의를 가지고 문제에 다가선다면 쉽게 그 문제를 해결 할 수 있을 것이다."

윌슨의 이 말을 누구보다 잘 이해하고 있었던 사람은 존 록펠러 2세였다.

1915년 록펠러는 콜로라도 사람들로부터 몹시 미움을 사고 있었다. 미국 산업 사상 유례없는 대파업 사태가 무려 2년 동안 콜로라도주를 온통 뒤흔들어 놓았던 것이다. 임금 인상을 요구하는 록펠러 회사의 종업원들은 극도로 신경이 날카로워져 있었다. 회사의 건물을 파괴하는가 하면, 군대가 출동해서 마침내는 총을 쏘는 유혈 사태가 발생하기에 이르렀다.

이런 위기 일발의 대립 속에서 록펠러는 어떻게든 상대방을 설득하고 싶었다. 다음은 그 때의 이야기이다.

그는 오랜 시간 고민한 끝에, 노조 측의 대표자들을 모아놓고 연설을 했다. 이때 그가 행한 연설은 조금도 나무랄 데 없는 훌륭한 것으로서, 그는 뜻밖의 성과를 거두었다. 록펠러는 자신을 둘러싼 채 요구 조건을 내세우며 함성을 질러대는 노동자들을 진정시키고, 그들 중 다수를 자기편으로 만들었다.

록펠러는 지극히 우호적이고 우정 어린 태도로 그들을 순순히 설득해 나갔다. 자선단체에서도 그처럼 편안한 태도로 연설할 수는 없었을 것이다. 그러자 노동자들은 그처럼 주장하던 임금 인상에 대해서는 아무 말도 하지 않고 각자의 직장으로 복귀하였다.

그때 록펠러가 행한 연설의 첫 부분을 인용해 보자. 여러분은 그의 연설이 얼마나 우정에 넘치는 것인지를 잘 음미해 보기 바란다.

"오늘은 나의 생애에 있어서 특별히 기념할 만한 날이 될 것입니다. 회사의 종업원 대표와 간부 사원 여러분을 한자리에서 만나볼 기회를 얻었기 때문입니다. 이 자리는 오래도록 언제까지나 나의 기억에 남을 것입니다. 만약 이런 기회가 2주일 전에 있었다면, 아마나는 극히 소수의 분을 제외하고는 대부분의 사람과 인사조차 나누지 못했을 것입니다. 나는 지난주, 남부에 있는 탄광촌을 방문했습니다. 그때 자리에 없었던 분들을 제외하고는 거의 모든 대표자 여러분들과 개별적으로 이야기를 나누고 또 여러분의 가정을 방문하여 가족들도 만나 뵈었습니다.

우린 이제 서로 알지 못하는 타인이 아닙니다. 우리는 지금 친구로서 만나고 있는 것입니다. 이러한 우리들의 우정을 바탕으로 나는우리들의 공통의 이해에 관해서 여러분과 이야기를 나누고 싶습니다. 이 자리는 회사의 간부 사원들과 종업원 대표 여러분들께서 마련한 것으로 알고 있습니다. 그런데 간부 사원도 아니고 종업원 대표도 아닌 내가 오늘 이 자리에 나오게 된 것은 오로지 여러분이 베풀어준 호의 때문이라고 생각합니다. 나는 간부 사원도, 종업원 대표도 아닙니다. 그러나 주주와 중역의 대표자로서 여러분과 밀접한 관계가 있다고 생각합니다."

이는 적을 자기편으로 끌어들이는 훌륭한 본보기이다. 만약 록펠러가 논쟁을 벌이기로 작정하고, 사실을 앞세워 노동자 측이 잘못했다는 말만으로 일관했다면 어떻게 되었을까? 모르긴 해도 그야말로 불에 기름을 붓는 결과가 되었을 것이다.

상대방의 마음이 증오로 가득 차 있을 때는 아무리 그럴듯한 이론을 들먹여도 상대방을 설득할 수 없다. 이미 상대방은 마음의 벽을 굳게 닫아버렸기 때문이다. 아이들을 나무라는 부모, 권력을 행사하는 고용주나 남편, 바가지가 심한 아내, 이런 사람들은 좀처럼 자기 생각을 바꾸려 하지 않는다는 사실을 분명히 알아두어야 한다. 이런 사람들에게 강제로 내 의견을 따르게 할 수는 없다. 큰 소리를 내면 낼수록 마음의 벽은 더욱 강해질 뿐이다. 방법은 단 한가지, 마음의 벽을 스스로 열게 만드는 것이다. 부드럽고 친절한 태도로 얘기를 주고받으면 상대방은 마음의 변화를 일으켜 스스로 마음의 벽을 허물고 문을 열게 된다.

링컨이 100년 전에 이런 말을 했다.

"'1갤런의 쓸개즙보다 한 방울의 꿀이 더 많은 파리를 잡을 수 있다'는 옛 속담은 언제 어디서나 쓰이는 말이나. 만약 상대방을 자기 편으로 만들고 싶다면, 우선 나 자신이 그의 편이라는 사실을 상대방에게 알려주어야 한다. 이것이야말로 상대방의 마음을 사로잡는 한 방울의 꿀이며, 상대방의 이성에 호소하는 최선의 방법이다."

파업자 측과 우회적으로 만나 무난히 분쟁을 해결한 또 하나의 사례가 있다. 화이트 모터 회사의 종업원 2천 5백 명이 임금 인상과 유니언 숍(노동 협약에 따라 고용된 노동자는 모두 의무적으로 노동조합에 가입해야 하며 고용주는 탈퇴, 제명 등으로 비조합원이 된 자를 해고하도록 의무화한 제도)의 채용을 요구하며 파업을 일으켰다.

그러나 사장인 로버트 F. 블랙은 클리블랜드 신문에 그들이 '평화적인 자세로 파업에 들어간 것'을 칭찬하는 기사를 내보냈다. 그리고 바리케이드를 치고 있는 사람들에게 야구 장비를 사주며 쉬는 시간에 야구를 하도록 권유하였다. 또 볼링을 좋아하는 사람들을 위해서는 볼링장을 빌려주기도 했다.

경영자 측이 취한 이러한 우호적인 태도는 충분한 효과가 있었다. 말하자면 우정이 우정을 낳은 것이다. 노동자들은 공장 주변을 청소하기 시작하였다. 그리고 한편으로는, 임금 인상과 유니언숍 제도 실시를 위해 투쟁하였다. 이 얼마나 바람직한 장면인가? 이는 격렬한 파업으로 얼룩진 미국에서 일찍이 볼 수 없었던 모습이었다. 그 결과 이 파업은 일주일이 채 못 되어 원만하게 타결되었다.

다니엘 웹스터는 매우 탁월한 변호사였다. 그는 결론을 내릴때 결코 고압적인 말투를 쓰지 않았다. 자기의 의견을 상대에게 강요하려고도 하지 않았다. 그가 성공한 이유 중의 하나는 바로 이러한 그의 태도 때문이었다. 다음은 스토로브라는 전기기사가 전세금을 깎기 위해 벌였던 이야기이다. 그가 세 들어 사는 집주인은 소문난 고집쟁이였다고 한다.

나는 계약 기간이 끝나는 대로 아파트를 나가겠다고 집주인에게 말했다. 그러나 사실은 나가고 싶지 않았다. 집세를 깎아주기만 하면 그대로 그 집에서 살고 싶었다. 그러나 상황은 매우 비관적이었다. 세든 사람들이 그 집주인만큼 다루기 힘든 사람도 없다고 수군거리는 말을 들은 적이 있었기 때문이다. 그러나 나는 이렇게 생각하였다.

'세미나에서 배운 방법을 집주인에게 써 보자.'

그리고 드디어 내 편지를 받은 집주인이 비서를 데리고 나타났다. 나는 밝은 얼굴로 집주인을 맞이하며 진심에서 우러나는 호의를 보였다. 물론 집세가 비싸다는 말은 조금도 내비치지 않았다. 나는 아파트가 매우 마음에 든다고 어렵사리 말을 꺼냈다. 아파트의 관리에 대해서도 칭찬을 했다. 그리고 한 1년쯤 더 이곳에 살고 싶지만, 애석하게도 그럴 수가 없게 되었다고 집주인에게 말했다.

한참 후, 집주인은 자기 고충을 늘어놓기 시작했다. 아마 집주인은 지금까지 세든 사람들에게 이런 환대를 받은 적은 한 번도 없었던 모양이었다. 세입자 중에는 14통이나 되는 항의 편지를 보내는 사람도 있다고 집주인은 불평했다. 그리고 그중에는 매우 모욕적인 편지를 보내는 사람도 있다고 했다. 또 위층에 사는 입주자는 코고는 소리 때문에 살 수가 없다며, 그걸 멈추게 해주지 않으면 계약을 파기하겠다고 엄포를 놓는 사람들까지 있다고 했다.

그리고는 모처럼 이야기가 통하는 사람을 만나 기분이 좋다며, 내가 말을 꺼내기도 전에 방세를 조금 내려주겠다고 말하는 것이었다. 나는 그가 제시한 금액보다 조금 더 깎고 싶었다. 그래서 내가 지불할 수 있는 금액을 분명하게 말했다. 그랬더니 집주인은 고개를 끄덕이며 그렇게 하자고 말하더니, 이렇게 덧붙이고 자리를 떴다.

"방 안의 장식을 바꾸어드리고 싶은데, 필요한 게 있으면 말하세요."

만약 내가 다른 세입자들처럼 집세를 깎기 위해 이런저런 핑계를 댔다면, 나는 이런 결과를 얻지 못했을 것이다.

동정을 구하면서도 우호적인 자세가 이와 같은 성공을 가져온 것이었다.

### 2. 친절과 감사는 사람의 마음을 바꾼다

또 한 가지 예를 들어보자. 다음은 롱아일랜드의 가든 시티에 살고 있는 드로시 데이 부인의 이야기이다. 그녀는 사교계에서는 유명한 여자였다.

얼마 전에 나는 간단한 점심 모임을 한 적이 있었지요. 나는 귀중한 손님에게 실수가 없도록 매우 신경을 썼습니다. 이런 파티를 열 때는 언제나 에밀이라는 요리사에게 모든 것을 맡기곤 했는데, 그날은 그가 사전에 연락도 없이 시간이 다 되도록 나타나지 않는 것이었습니다.

초조한 마음으로 기다리고 있는데, 에밀은 자기 대신 급사 한 사람을 보냈습니다. 그러나 그는 아주 서툴러서 전혀 쓸모가 없었습니다. 손님을 소홀히 대하는가 하면, 커다란 접시에 작은 샐러드 한 개를 담아 내놓지를 않나, 고기는 굳어 있기 일쑤였고, 고구마는 기름

투성이였어요. 그야말로 엉망진창이었습니다. 나는 울화통이 터져 견딜 수가 없었습니다. 그런 것을 꾹 참고 웃어야 하는 괴로움은 이루 말할 수가 없었습니다.

'두고 보자, 에밀! 만나기만 하면, 그냥 두지 않겠어!'

나는 에밀에게 어떤 식으로든 보답을 하겠다고 굳게 결심했습니다.

점심 모임이 있던 그 다음날 밤, 나는 우연히 '인간관계'에 대한 강연을 들으러 갔습니다. 강연을 듣고 있는 동안, 나는 에밀을 일방적으로 책망하는 것이 부질없다는 것을 깨달았습니다. 만일 그를 화나게 하면 앞으로 절대로 나를 도와주지 않을 것이라는 사실을 깨달았던 거죠.

나는 에밀의 입장에서 그 문제를 생각해 보기로 했습니다. 그리고 어제의 실수는 에밀과 상관없는 급사의 잘못이라고 생각하기로 마음먹었습니다. 나는 그를 책망하는 대신 조용히 이야기를 나누어 보기로 했죠.

그 다음날 에밀을 만났는데, 그의 표정을 보니 도리어 내게 무척화가 나 있는 것 같았습니다. 당장이라도 한바탕 싸울 기세였습니다. 나는 조용한 목소리로 이렇게 말했습니다.

"이봐요, 에밀. 당신은 내 파티에 꼭 필요한 사람이에요. 당신은 뉴욕에서도 최고의 요리사니까요. 재료의 구입이나 요리는 당신 책임이 아니에요. 지난 수요일과 같은 일은 어쩔 수 없는 일이었을 거예요."

그러자 그는 금세 웃는 얼굴로 변했습니다. 그래서 나는 다시 한 번 파티를 열 계획인데, 그때는 에밀이 꼭 도와줘야겠다고 말했습니다. 그러자 그는 이렇게 대답했습니다.

"물론 괜찮습니다, 부인. 이번엔 그런 실수는 없을 겁니다."

그 다음주에 나는 다시 점심 파티를 열었습니다. 메뉴는 물론 에밀과 상의해서 만들었죠. 지난번의 일은 전혀 말하지 않고 오로지 그의 의견을 따랐습니다. 시간이 다 되어 연회장으로 들어가니, 테이블은 아름다운 장미로 장식되어 있었습니다. 그리고 에밀은 손님 접대에 빈틈이 없었습니다. 아마 내가 여왕님을 초대했다 하더라도 그만한 서비스는 받을 수 없었을 겁니다. 요리는 물론 서비스도 만점이었고, 급사들도 예전과 달리 네 사람이나 와 있었습니다. 그리고 정신없이 바쁠 때는 에밀 스스로 요리를 가져다주기도 했습니다.

파티가 끝나자 그날의 주빈이 내게 속삭였습니다.

"저 요리사 혹시 마술에 걸린 것 아닙니까? 이렇게 빈틈없는 서비스는 정말 처음입니다."

그렇습니다. 나는 조용한 자세로, 진심으로 상대방을 칭찬하는 마술을 썼던 것입니다.


미주리주의 시골 초등학교에 다닐 때, 나는 해님과 바람이 힘자랑을 하는 『이솝 이야기』를 읽은 적이 있다. 바람이 해님에게 이렇게 으시댔다.

"내가 너보다 힘이 센 것은 세상이 다 아는 일이지. 저기 외투를 입고 가는 노인 보이지? 내가 너보다 먼저 저 할아버지의 겉옷을 벗겨볼 테니, 두고 봐."

해님은 잠시 구름 뒤에 숨었다. 그러자 바람이 기세 좋게 불어댔다. 그러나 바람이 세차게 불면 불수록 할아버지는 겉 옷자락을 감싸 쥐고 잔뜩 몸을 움츠릴 뿐이었다. 마침내 바람은 기진맥진하고 말았다. 이번에는 해님이 구름 사이에서 얼굴을 내밀고, 방긋방긋 웃는 얼굴을 할아버지에게 보이기 시작했다. 그러자 할아버지는 곧 이마의 땀을 닦으며 겉옷을 벗었다.

나는 이 동화를 읽고, 햇빛의 부드럽고 친절한 방법이 바람처럼 힘으로 하는 방법보다 훨씬 효과가 있다는 사실을 깨달았다.

내가 이 『이솝 이야기』를 읽었을 무렵, 보스턴에서는 이 우화의 진리를 입증하는 사건이 B 씨에게 일어났다. 그리고 20년 후, B 씨는 나의 세미나에 참가해서 당시의 이야기를 들려주었다.

그 당시 보스턴 신문에는 이상야릇한 의사들의 광고가 지면을 채우고 있었다. 낙태를 전문으로 하는 의사와 환자의 공포심을 이용해 돈을 벌려는 의사들이 광고를 이용해 엉터리 치료를 하고 있었던 것이다. 그로 인해 많은 희생자가 나왔으나, 그 때문에 처벌을 받은 돌팔이 의사는 한 사람도 없었다. 그들 대부분은 약간의 벌금으로 사건을 무마시키거나, 아니면 정치적 압력을 동원해 법망을 빠져나오곤 했다. 법원의 이러한 처사에 마침내 모든 보스턴 시민이 분개했다. 목사들은 강력한 설교로 그런 비윤리적인 광고를 게재한 신문을 비난했다. 그리고 그 광고를 즉시 중지하라고 주장했다. 각종 민간단체, 실업가, 부인회, 교회, 청년단체 등도 들고 일어났다. 그러나 아무런 효과가 없었다. 이런 신문광고를 둘러싸고 주 의회에서도 치열한 논쟁이 벌어졌으나 결국에는 매수와 정치적 압력에 의해 흐지부지되고 말았다.

그때 B 씨가 아무도 생각해 내지 못한 방법을 착안했다. 그는 친절하고 동정 어린 감사의 마음으로 신문사를 설득하여 신문사가 스스로 그린 광고를 중지하게 만들었다.

그는 우선 보스턴 헤럴드 지 사장에게 편지를 보내 그 신문을 진심으로 칭찬했다. 그는 자기가 그 신문의 애독자인데, 뉴스는 깔끔하고 선동적인 냄새가 없으며 사설도 뛰어나다고 칭찬을 하였다. 또한 미국을 통틀어 일류에 속하는 가정신문이라고 추켜세웠다. 그리고 다음과 같이 덧붙였다.


제 친구가 얘기하기를, 어느 날 그의 딸이 귀사 신문에 게재된 '낙태 전문병원'이라는 광고를 읽고 그게 무슨 뜻이냐고 물었다고 합니다.

당황한 그 친구는 딸에게 아무런 대답도 못 해주었다며 저에게 그럴 때는 무슨 말을 하는 게 좋겠냐고 묻더군요.

귀사 신문의 구독자는 잘 아시다시피 보스턴의 상류 사회 사람들입니다. 제 친구가 경험한 일이 보스턴의 다른 가정에서 일어나지 말라는 법은 아마 없을 겁니다. 만약 귀하에게 딸이 있으시다면, 그런 광고가 게재된 신문을 읽게 하시겠습니까? 그리고 귀하의 딸이 귀하에게 그런 질문을 하면 귀하는 어떻게 대답하시겠습니까?

귀사의 신문 같은 일류지에서, 부모로서 자식에게 얽히고 싶지 않은 곳이 한 군데라도 있다는 것은 참으로 유감스러운 일이라고 생각합니다. 귀사의 신문을 애독하는 수천 명의 사람도 아마 나와 같은 생각을 가지고 있을 것입니다.

이틀 후, 「보스턴 헤럴드지」의 사장으로부터 회답이 왔다. 그 답장을 20년 동안 보관하고 있던 B 씨는 나의 세미나에 참가하여 그것을 보여주었다.

B 씨, 보십시오

친절한 편지 매우 감사하게 받아보았습니다. 제가 부임한 이래, 이 문제에 대해 계속 고민을 해왔는데 이제야 결단을 내리게 되었습니다. 그것은 오로지 귀하의 편지 덕분입니다. 오는 월요일 이후부터, 저희 「보스턴 헤럴드지」에서 의심이 가는 광고는 일체 싣지 않도록 노력하겠습니다. 세척기 등의 광고도 일체 게재 하지 않겠습니다. 또 부득이 의료 광고를 게재하더라도 주의를 다해 편집하도록 할 것입니다. 귀하의 친절한 충고에 다시 한 번 감사드립니다.

이솝은 크리서스궁에 살던 그리스의 노예였다. 그는 기원전 600년에 이미 불후의 명저 『이솝 이야기』를 썼고, 그가 준 교훈은 2천 5백 년 전의 아테네에서는 물론, 오늘날까지도 진리로 받아들여지고 있다.

해님은 바람보다 빨리 겉옷을 벗게 할 수 있다. 마찬가지로 친절과 우애와 감사는 세상의 모든 노여움보다 쉽게 사람의 마음을 바꿀 수 있다.

'1갤런의 쓸개즙보다 한 방울의 꿀이 더 많은 파리를 잡을 수 있다.'

이 속담을 마음 깊이 새겨두기 바란다.

# 5. 처음부터 Yes라고
# 대답할 수 있는 질문만 하라

Never complain. Never explain.
불평을 하지 마라, 변병을 하지 마라.
Katharine Houghton Hepburn(미국의 여배우)


## 1. Yes라고 대답할 수 있는 질문을 하라


누군가와 이야기를 할 때, 처음부터 충돌을 일으킬 만한 의견을 꺼내는 것은 좋지 않다. 우선은 서로 생각이 같은 부분부터 제시한 다음, 그것을 강조하면서 이야기를 끌어나간다. 가능하면 상대방과 나누는 이야기의 목적이 같다는 것을 강조하고 서로 다른점은 목적이 아니라 방법이라는 것을 강조해야 한다.

처음에는 상대방에게 '네' 라고 대답할 수 있는 문제를 선택하고, 가능한 한 '아니오' 라는 대답이 나오는 질문은 삼가야 한다.

오버스트리트 교수는 다음과 같이 말하고 있다.

"상대방에게 일단 '아니오' 라고 말하게 만들어버리면, 그것을 '네' 로 만드는 것은 여간 어려운 일이 아니다. '아니오' 라고 말한 이상 그것을 번복하는 것은 자존심이 허락하지 않기 때문이다. '아니오'라고 말해 버리고 나서 후회할지라도, 대부분의 사람들은 그것을 고집한다. 그러므로 처음부터 '네'라고 말하도록 이야기의 방향을 이끄는 게 무엇보다 중요하다."

대화에 능숙한 사람은 상대방이 몇 번씩이고 '네'라고 말하게 한다. 그러면 상대방의 심리는 자연스럽게 긍정적인 방향으로 움직이기 시작한다. 이것은 마치 굴러가는 공의 방향을 바꾸는 것만큼이나 어려운 일이기 때문에 처음부터 방향을 잘 잡아야 한다.

이럴 때의 심리적인 패턴은 아주 분명하다. 인간이 진심으로 '아니오'라고 할 때는 단순히 그 말을 입으로 나타낼 뿐만 아니라 동시에 몸으로 나타난다. 신체의 각종 분비선, 신경, 근육 따위의 모든 조직이 일제히 딱딱하게 굳어져 거부 태세를 취하게 된다.

그러나 '네'라고 말할 경우에는 이런 현상이 전혀 일어나지 않는다. 신체의 조직은 무엇인가를 받아들이고자 하는 자세를 취한다. 그러므로 '네'라는 말을 많이 하게 하면 할수록, 상대방의 생각을 자기 쪽으로 끌고 가기가 쉬워지는 것이다. 상대방에게 '네'라고 말하게 하는 방법은 아주 간단하다. 그럼에도 불구하고 사람들은 이 방법을 별로 이용하지 않는다. 심지어는 처음부터 반대 의견을 말함으로써 자신의 의견이 옳다는 것을 강조하려는 사람이 있다.

급진파와 보수파가 이야기를 나누면, 그들은 바로 서로를 화나게 만들고 만다. 도대체 그래서 무슨 소용이 있단 말인가? 단순히 싸워 이기는 쾌감을 맛보기 위한 것이라면 그것으로는 만족스러울지도 모른다. 그러나 어떤 성과를 바란다면 그것은 인간 심리를 모르는 사람들이나 하는 짓이다. 앞서 오버스트리트 교수의 말에서도 알 수 있듯이, 상대방에게 처음부터 '아니오'라고 말하게 하면 그것을 '네'로 바꾸는 데는 상당한 지혜와 인내가 필요하다.

뉴욕 그리니치 은행의 출납계원인 제임스 에버슨은, 이 '네'라고 말하게 하는 방법을 이용함으로써 자칫 놓칠 뻔한 손님들 잡을수 있었다. 에버슨 씨의 이야기를 들어보자.

손님 한 분이 예금구좌를 개설하기 위해서 찾아왔습니다. 나는 평소 하던 대로 용지에 기록할 필요한 사항을 물었습니다. 그런데 그는 대부분의 질문에는 서슴없이 대답을 잘 해주었습니다만, 이상하게 어떤 질문에 대해서는 입을 꽉 다물고 도무지 대답하지 않았습니다. 내가 인간관계에 대한 공부를 하기 이전이었다면, '이 질문에 응답해 주지 않으면 구좌를 개설해 줄 수 없다'고 분명히 말했을 것입니다. 부끄러운 얘깁니다만, 사실 나는 지금까지 그렇게 해왔거든요.

그렇게 상대를 몰아세우는 건 여간 통쾌한 일이 아니랍니다. 은행의 규칙을 방패 삼아 내가 우월하다는 것을 상대방에게 보여주니까요. 그러나 그런 태도는 일부러 찾아온 손님에게 절대로 호감을 줄 수는 없습니다. 나는 그의 입장에 서서 그가 '네'라고 말하게끔 해보려고 생각했습니다. 그래서 손님에게, 마음에 들지 않는 질문에는 구태여 대답할 필요가 없다고 말했습니다. 그리고는 이렇게 덧붙였죠.

"그런데 만약 예금하신 후 당신에게 사고가 생기면 어떻게 하시겠습니까? 법적으로 당신의 가장 가까운 사람이 예금을 찾을 수 있도록 해야겠죠?"

그러자 그는 '네'라고 대답했습니다. 내가 질문한 사항이 은행을 위한 것이 아니라, 그를 위한 것이라는 사실을 깨달은 손님은 이내 태도를 바꾸었습니다. 나의 권유에 따라 그는 그 자신에 관한 질문에 대답을 해주었을 뿐만 아니라, 그의 어머니를 수취인으로 하는 신탁구좌를 개설하고, 어머니에 관한 질문에도 기꺼이 응답해 주었습니다. 그가 처음과 달리 나의 말을 따르게 된 것은, 내가 그에게 '네'라고 대답하게끔 유도했기 때문이라고 생각합니다.

## 2. 부드러움은 강한 것을 꺾는다

다음은 웨스팅 하우스사에 근무하는 세일즈맨 조셉 앨리슨의 이야기이다.

내가 담당하고 있는 구역 안에 우리 회사 제품을 꼭 팔고 싶은 사람이 있었습니다. 나의 전임자가 10년 동안 그를 쫓아다녔지만 애석하게도 그는 항상 허탕만 쳤습니다. 나 역시 이 구역을 맡고부터 3년 동안 그를 찾아다녔지만 결과는 마찬가지였습니다.

그런데 얼마 후, 운 좋게도 그에게 서너 대의 모터를 팔 수 있었습니다. 만약 그 모터의 성능이 그의 마음에 들기만 한다면, 나는 수백 대의 주문을 받을 수 있을 거라고 기대했죠. 모터의 성능은 누가 봐도 믿을 만했으니까요. 3주일 후, 나는 의기양양하게 그의 사무실로 찾아갔습니다. 그런데 수석 엔지니어가 대뜸 이렇게 말하는 것이었습니다.

"앨리슨, 자네 회사의 모터는 이제 질색이야."

나는 깜짝 놀랐습니다.

"도대체 왜 그러십니까?"

그러자 그는 인상을 찌푸리며 대답했습니다.

"자네 회사의 모터는 너무 열이 나서 섣불리 손을 댈 수가 없단 말일세."

나는 오랜 경험을 통해 이런 경우, 절대 화를 내면 안 된다는 것을 알고 있었습니다. 나는 상대방이 '네' 라고 대답할 만한 질문을 하기 시작했습니다.

"맞는 말씀입니다. 그런 모터를 파는 것은 무리지요. 협회가 정해 놓은 기준보다 열이 나지 않는 제품을 고르는 게 당연할 테니까요. 그렇지 않습니까?"

그는 '그렇다' 라고 대답했습니다. 말하자면 나는 첫 번째의 '네' 를 얻어낸 셈이었습니다. 그런 다음 나는 '협회의 기준에 의하면 모터 온도가 실내온도보다 화씨 72도(섭씨 40도)까지 높이 올라가는 것은 괜찮지요?' 라고 물었습니다. 그는 또 '그렇다' 라고 대답했습니다. 나는 계속해서 물었습니다.

"공장 내의 온도는 몇 도쯤 됩니까?"

"75도쯤 될 걸세."

"그러면 거기에 72도를 더하면 147도가 됩니다. 147도의 뜨거운 물에 손을 넣으면 어떻게 되죠?···상처를 입게 되겠죠?"

그는 역시 '그렇다'고 대답했습니다. 나는 계속 물었습니다.

"모터에 손을 댔을 때도 마찬가지 아닐까요?"

그러자 그는 '자네 말이 맞는 것 같군' 하면서 마침내 동의하고 말았습니다. 그리고 나는 그 자리에서 다음달 분으로 약 3,500달러 상당의 물건을 주문받을 수 있었습니다.

논쟁만 해봤자 손해만 보게 마련입니다. 상대방의 입장에서 생각을 하는 것이 논쟁하는 것보다 오히려 흥미 있고 경우에 따라서는 막대한 이익을 얻을 수도 있습니다. 나는 그것을 깨달을 때까지 엄청난 시간과 비용을 허비했던 것입니다.


인류 역사에 커다란 영향을 끼친 아테네의 철학자 소크라테스는 사람을 설득하는 데 있어서 제1인자였다. 그는 절대로 상대방의 잘못을 지적하지 않았다. '소크라테스식 문답법'은 상대방으로부터 '네'라는 대답을 이끌어내는 것을 주목적으로 삼고 있었다. 그는 우선 상대방이 '네'라고 말하지 않을 수 없는 질문을 한다. 다음의 질문도 역시 '네'라는 대답을 이끌어내는 질문이다. 되풀이되는 그런 과정을 통해 상대방은 자신이 최초에 부정했던 문제에 대해서도 '네'라는 대답을 하게 되는 것이다. 상대의 잘못을 지적하고 싶다면, 부디 소크라테스의 문답법을 상기하라.

'부드러움은 능히 강한 것을 꺾는다.'

이는 중국의 격언이다. 오랜 역사를 가진 민족에게 어울리는 명언이라고 생각되지 않는가?

# 6. 상대방이 마음껏
# 말하도록 하라

## 1. 상대방의 실컷 말할 수 있도록 하라

누군가를 설득하기 위해 끊임없이 혼자 지껄이는 사람이 있다. 특히 세일즈맨 중에 그런 사람이 많다. 그러나 상대방을 설득시키기 위해서는 상대방이 충분히 말을 하도록 만드는 것이 좋다. 자신의 일이나 문제점에 대해서는 본인이 가장 잘 알고 있으므로 스스로 말을 하도록 하는 것이 바람직하다.

특히 상대방이 무슨 말을 할 때 이의를 달아 이야기의 흐름을 끊는 경우가 있는데, 절대로 이의를 달지 마라. 아주 위험한 일이다. 상대방은 누군가에게 말을 하고 싶다는 생각에 빠져 있기 때문에 다른 사람의 말에는 관심이 없는 것이다. 이쪽에서 할 일은 참을성 있게 성의를 갖고 들어주며, 거리낌없이 자기 의견을 말하도록 격려해 주는 것이다. 이 방법을 사업에 응용하면 어떨까?

수년 전, 미국 굴지의 자동차회사가 차내 장식용 직물류 1년 치를 구입하기 위해 세 군데의 회사로부터 샘플과 견적서를 제공받았다. 그것을 자세히 검토한 자동차회사의 대표자들에게 지정된 날짜에 방문해 달라고 요청했다. 그 가운데 한 회사의 대표자인 R 씨는 몹시 심한 후두염을 앓고 있었는데, 그럼에도 불구하고 그는 지정된 날 자동차회사를 찾아갔다. 다음은 R 씨의 이야기이다.

드디어 내가 설명할 차례가 되었다. 우리 회사의 입장을 상세히 설명해야겠는데, 목이 아파 도무지 목소리가 제대로 나올 것 같지 않았다. 그곳에는 그 회사의 사장을 비롯해 각 부서의 책임자들이 쭉 둘러앉아 있었다. 간신히 입을 열었지만, 목에서는 갈라진 소리만 나올 뿐이었다.

그래서 나는 종이쪽지에 '후두염 때문에 말을 잘 할 수가 없습니다.' 라고 쓴 다음 가까이 있는 중역에게 건넸다.

그것을 본 사장이 나를 물끄러미 쳐다보더니 고개를 끄덕이며 말했다.

"그럼 당신 대신 내가 설명을 해주겠소."

사장은 서류를 펼쳤다. 그리고 우리 회사 제품의 장점을 칭찬하기 시작했다. 그러자 각 부서의 책임자들이 자기 의견을 활발하게 제기하였다. 내 대역을 맡은 사장은 부득이 나의 편이 되지 않을 수 없었다. 내가 한 일이라곤 미소를 짓거나, 머리를 끄덕이는 몸짓 따위뿐이었다. 어쨌든 나는 그로 인해 불가능할 것만 같았던 그 주문

(50만 야드에 달하는 직물, 금액으로 환산하면 약 160만 달러)을 따낼 수 있었다.

그때 나는 상대방이 말을 하면, 때로는 예상치 못한 좋은 결과를 얻을 수도 있다는 사실을 깨달았다.


필라델피아 전기 회사의 조셉 S.웹도 비슷한 경험을 한 적이 있었다. 그는 펜실베이니아주의 부유한 네덜란드인들이 모여 사는 농업 지대를 시찰한 적이 있었다. 깨끗하게 정돈되어 있는 농가 앞을 지나던 그는 동행한 그 지역 담당자에게 물었다.

"이 지역 농가들이 전기를 사용하지 않는 이유가 뭔가?"

그러자 담당자가 이렇게 말하는 것이었다.

"워낙 인색한 노랭이들이라 아무리 권해도 듣지 않습니다. 게다가 그들은 우리 회사에 대해 반감을 가지고 있었습니다. 몇 번 시도해 보았지만, 그때마다 허탕만 쳤죠."

웹 씨는 그 문제를 직접 해결해 볼 생각으로 그중 한 농가를 찾아갔다. 다음은 웹 씨의 이야기이다.

문을 열어준 드라겐블러 부인은 우리가 전기 회사 사람인 것을 알자 이내 문을 닫아버렸습니다. 내가 노크를 몇 번 하자 마지못한 듯 다시 문이 열렸습니다. 그리고 그 부인은 험한 욕설을 퍼부었습니다. 나는 그녀의 욕설이 끝날 즈음, 정중하게 입을 열었습니다.

"부인, 소란을 피워서 죄송합니다. 실은 전기 문제 때문에 찾아온 게 아닙니다. 달걀을 좀 살까 해서…"

그러자 부인이 호기심 어린 눈으로 내게 물었습니다.

"어떻게 우리 닭이 도미니크 종이란 걸 알았죠?"

"나도 닭을 키우고 있거든요. 하지만 이렇게 훌륭한 닭은 본적이 없습니다."

부인은 여전히 못 믿겠다는 눈치였죠.

"우리 집에서 기르는 닭은 레그혼 종이기 때문에 흰 달걀밖에 낳지 못한답니다. 부인께서도 아시겠지만, 과자를 만들려면 흰 달걀보다도 노란 달걀이 훨씬 좋죠. 우리 집사람의 과자 굽는 솜씨는 일품이거든요."

이야기가 여기까지 진전되자, 그녀의 마음도 꽤 누그러진 것 같았습니다. 그 동안 주위를 유심히 살펴본 나는 그녀의 농장에 낙농설비가 갖추어져 있음을 알았습니다. 나는 계속해서 물었습니다.

"부인께서 기르는 닭이 젖소의 우유보다 훨씬 이윤이 좋을 것 같은데, 어떻습니까?"

나의 이 말은 멋지게 적중했습니다. 그 이야기야말로 그녀가 말하고 싶어 못 견디는 문제였던 것입니다.

그녀는 그녀의 완고한 남편이 내가 지적한 사실을 아무리 설득해도 인정하지 않는다고 불평하며, 나를 닭장으로 안내했습니다. 그곳을 돌아보는 동안 나는 그 부인이 만들어 낸 여러 가지 장치들을 발견하고 진심으로 그것을 칭찬해 주었습니다. 나는 사료는 무엇이 좋고, 온도는 몇 도가 적당한지 등에 대해 그녀에게 물어봄으로써 즐거운 시간을 보낼 수 있었습니다.

성공 하고 싶다면,

남보다 더 노력해야 한다.

얼마 후, 그녀는 닭장에 전등을 켜서 좋은 실적을 올린 농가가 있다는데, 과연 그것이 사실인지를 솔직하게 말해 달라고 내게 물었습니다. 물론 나는 사실 그대로 말해 주었죠. 2주일 후, 드라겐블러 부인의 닭들은 밝은 전등 아래에서 만족스럽게 모이를 먹을 수 있었습니다. 나는 나대로, 부인은 부인대로 좋은 결과를 얻을 수 있었던 것입니다. 그런데 여기서 가장 중요한 것은, 만약 내가 처음부터 그녀에게 말을 유도하지 않았다면 내 의도는 실패하고 말았을 거라는 점입니다.

## 2. 상대방의 이야기는 우리 인생을 풍부하게 한다

뉴욕 「헤럴드 트리뷴지」의 경제란에 '경험 있는 우수한 인물'을 구한다는 구인광고가 나온 걸 보고, 찰스 T. 큐베리스가 응모를 했다. 며칠 후, 그에게 면접을 보러 오라는 통지서가 날아왔다. 면접을 보기에 앞서, 그는 우선 그 회사의 설립자에 대해 자세히 조사해 보았다. 면접 당일, 그는 사장에게 물었다.

"이렇게 훌륭한 회사에서 일하는 것이 저의 소망이었습니다. 그런데 제가 들은 바에 의하면, 사장님께서는 28년 전 거의 무일푼으로 이 회사를 설립하셨다고 하는데 그게 사실입니까?"

성공한 사람들 대부분은 자신이 겪어온 가시밭길에 상당한 애착을 가지고 있다. 물론 그 사장도 예외는 아니었다. 그는 자본금 450달러와 독특한 아이디어만 가지고 시작했던 창업 초기의 이야기를 진지하게 들려주기 시작했다. 일요일은 물론 공휴일에도 쉬지 않고 일하면서 모든 장애를 극복했던 이야기, 그리고 많은 우여곡절 끝에 마침내 현재의 지위를 획득하게 된 과정 등에 대해⋯ 그는 자신의 성공담을 이야기하게 된 걸 무척이나 기뻐하는 듯했다. 이야기가 끝나자 사장은 큐베리스의 경력에 대해 간단히 질문한 후, 동석한 부사장에게 말했다.

"이 사람을 채용하도록 하시오."

두말할 것도 없이, 상대방이 자신의 이야기를 하도록 유도한 큐베리스 씨의 전략이 성공을 거둔 셈이었다. 대부분의 사람들은 상대방에게서 칭찬을 듣기보다는 스스로 이야기를 하고 싶어한다.

프랑스의 철학자 라로슈프코는 이렇게 말했다.

"만일 당신이 적을 만들고 싶다면, 상대방을 이기도록 하라. 그러나 자기 편을 만들고 싶다면, 상대방이 당신을 이길 수 있도록 하라."

이 말이 맞는 까닭은 사람은 누구나 상대방보다 뛰어날 경우 스스로 우월감을 느끼지만, 그 반대의 경우에는 열등감과 질투심을 느끼기 때문이다.

독일 속담에 이런 말이 있다.

"남의 실패에 따른 기쁨 이상의 기쁨은 없다."

당신의 친구 중에는 당신의 성공보다 실패를 기뻐하는 사람이 있을 것이다. 그러므로 자기의 성공에 대해서는 가능하면 비밀스럽게 이야기하는 것이 좋다.

아빈 컵은 이 요령을 터득하고 있었다. '당신은 일류 작가라는데, 그게 정말입니까?' 라는 질문을 받으면 그는 '글쎄요. 그저 운이 좋았을 뿐이죠' 라고 대답했다고 한다. 대부분의 사람들은 그렇게 자랑할 만한 대단한 존재는 아니므로 겸손한 태도를 하는 것이 상책이다.

백 년도 채 못 되어 우리는 죽거나 세상에서 잊혀지고 만다. 인생은 짧다. 우리에게는 부질없는 자랑거리를 남에게 들려줄 여가는 없다. 그 대신 상대방이 자기 이야기를 하도록 만들어라. 그걸 듣는 것만으로도 우리의 인생은 풍부해질 것이다.

# 7. 스스로 생각하고
# 판단하게 하라

If you can dream it, you can do it.
꿈을 꿀 수 있다면 그것은 실현할 수 있다.
Walt Disney(미국의 엔터테이너, 실업가)

## 1. 강요하지 말고 스스로 생각하게 하라

사람은 남이 강요하는 의견보다는 자기 스스로 생각해 낸 의견을 훨씬 소중히 여긴다. 그렇다면 남에게 자기 의견을 강요하는 것은 잘못된 것이다. 힌트만 주고 상대방이 결론을 내리게 하는 것이 훨씬 현명한 방법이다. 나의 세미나에 참가한 필라델피아 출신의 아돌프 젤스 씨는 자동차 판매의 부진으로 부하 세일즈맨들이 기가 죽어 있는 것을 보고 그들을 격려할 필요성을 느꼈다.

판매 회의를 연 그는 부하 직원들에게 솔직하게 그들의 요구를 발표하라고 요청했다. 그는 그들이 요구사항을 칠판에 적은 후, 부하 직원들에게 말했다.

"여러분의 의견을 모두 들어주겠습니다. 그 대신 여러분이 나를 위해 할 수 있는 일이 무엇인지, 그것에 대해 말해 주기 바랍니다."

그러자 그들은 즉석에서 대답했다. 그중에는 충성을 맹세하는 사람이 있는가 하면, 정직 · 솔선수범 · 낙관주의 · 협동심 등을 약속하는 사람도 있었고, 하루 10시간의 노동을 제시하는 사람, 심지어는 14시간의 노동을 약속하는 사람도 있었다. 회의는 성공적으로 끝났다. 그리고 그 후 판매 실적은 놀라울 만큼 향상되었다.

젤스 씨는 이 일에 대해 이렇게 말하고 있다.

"우리 직원들은 나와 일종의 도의적인 계약을 맺었습니다. 내가 그 계약에 따라서 행동하는 한, 그들도 역시 계약을 따르기로 했습니다. 그들의 희망을 들어준 것이 결과적으로 회사를 살린 묘약이 되었던 것입니다."

강요당하고 있다든가, 명령을 받고 있다는 느낌을 좋아할 사람은 아무도 없다.

반대로 우리는 주체적으로 행동하고 있다는 것, 상대방이 자신의 의견을 들어주는 것을 좋아한다.

유진 웨슨의 예를 들어보자. 그는 이 진리를 터득하기 전까지 수천 달러의 손해를 보았다고 한다. 스타일리스트와 직물업자에게 스튜디오 디자인을 판매하는 그는, 뉴욕의 어느 일류 디자이너를 3년 동안 한 번도 거르지 않고 매주 방문했다. 웨슨 씨는 그 디자이너에 대해 이렇게 말하고 있다.

"그는 매주 나를 만나주기는 했지만, 한 번도 내 디자인을 사준 적이 없습니다. 그는 거의 매번 내가 그려 간 스케치를 들여다보며

'안 되겠군요, 웨슨 씨. 역시 마음에 들지 않아요' 라고 말하곤 했습니다."

150번에 걸친 실패를 거듭한 뒤, 그는 방법을 바꾸어야겠다고 판단했다. 그래서 그는 나의 세미나에 참석할 결심을 했다. 그리하여 사람을 다루는 방법을 습득한 그는, 그 방식대로 다시 도전하기로 했다. 웨슨 씨는 새로운 방식을 실험하기 위해 미완성의 디자인 몇 장을 가지고 그 디자인의 사무실로 찾아갔다. 그리고 이렇게 말했다.

"오늘은 미완성된 스케치를 가져왔습니다. 이것을 어떻게 완성시키면 당신의 마음에 드실지… 괜찮으시다면 그걸 좀 가르쳐주십시오."

그가 정중하게 부탁하자, 말없이 스케치를 쳐다보던 디자이너가 이윽고 입을 열었다.

"웨슨씨, 2~3일쯤 연구해 볼 테니 한 번 더 와주시겠어요?"

3일 후, 웨슨씨는 다시 그 디자이너를 찾아갔다. 그리고 그로부터 여러 가지 의견을 들은 다음, 스케치를 도로 가지고 와서 작품을 완성시켰다. 디자이너가 그것을 몽땅 산 것은 두말할 나위 없는 일이었다. 뿐만이 아니었다. 그 뒤로 그 디자이너는 웨슨 씨에게 많은 디자인을 주문하곤 했다. 그때 일에 대해 웨슨 씨는 이렇게 말한다.

"지난 몇 년 동안의 실패가 당연하다는 것을 알았습니다. 나는 내 생각을 강요했던 거죠. 하지만 지금은 거꾸로 상대방이 자기의 의견을 말하도록 하고 있습니다. 이렇게 하면 상대방이 직접 필요로 하는 디자인을 창작하고 그것을 구매하는 것이나 마찬가지죠. 그러니 이쪽에서 굳이 강매할 필요가 없게 된 것입니다."

시어도어 루스벨트가 뉴욕 주지사로 재직하고 있을 무렵의 일이다. 당시 그는 정치계의 보스들과 친근하게 지내면서 그들이 반대하고 있는 정책 개혁을 강행하곤 했는데, 그때 그가 취한 방법을 소개해 보자. 그는 중요한 보직을 채울 때마다 정치계의 보스들을 초청해서, 그들에게 후보자를 추천하도록 하곤 했다. 루스벨트는 그때의 일에 대하여 다음과 같이 설명했다.

보스들이 처음 추천하는 인물은 대개 자기 정당에서 뒤를 돌봐주어야 할 그런 대단치 않은 인물이기 마련이다. 그래서 나는 그런 인물은 시민들이 수긍하지 않으므로 안 될 것이라고 일러주었다. 그들이 다음에 추천하는 인물은 기껏해야 자기 정당의 끄나풀로서 아무런 장단점도 없는 그런 고참 관리에 불과하였다. 그래서 나는 보스들에게 좀 더 시민들이 이해할 수 있는 적임자를 추천해 달라고 부탁하였다. 세 번째 인물도 역시 적격자는 아니었다.

나는 보스들에게 한 번만 더 생각해 봐달라고 부탁하였다. 그제서야 비로소 그들은 내가 생각하고 있던 사람을 추천해 주었다. 나는 그들에게 고마워하며, 그 사람을 임명하였다. 말하자면 보스들에게 꽃다발을 안겨주는 셈인 것이다.

끝으로 나는 그들에게 말하였다.

"당신들이 기뻐할 수 있도록 그럼 이 인물을 임명하도록 하겠습니다. 자, 이제 그럼 여러분이 나를 기쁘게 해주어야 할 차례가 되었습니다."

실제로 보스들은 루스벨트를 기쁘게 해주었다. 그들은 루스벨트가 올린 문관 근무 법안이나 독점세 법안 따위와 같은 개혁안을 적극 지지해 주었던 것이다. 요컨대 루스벨트는 상대방과 교섭할 때 가능한 한 상대방의 의견을 받아들이고, 그들이 스스로 그것이 자기 자신 뜻인 양 생각하도록 한 다음 협조를 구했던 것이다.

롱아일랜드의 어느 자동차 판매업자는 이러한 방법을 사용하여 중고 자동차를 팔았다. 그는 스코틀랜드 출신의 부부에게 차를 구경시켰는데, 그들은 그때마다 유행이 떨어진다느니 쿠션이 나쁘다느니 값이 너무 비싸다느니 하면서 트집을 잡았다. 특히 가격에 대해서는 무조건 모두 비싸다고 했다. 이 판매업자는 내 세미나의 수강자였는데, 그가 이 문제를 가지고 우리들의 의견을 구했다.

우리는 굳이 서두를 필요 없이 상대방이 차를 사고 싶도록 만드는 게 중요하다고 충고하였다. 말하자면 그 부부가 마음먹은 대로 그가 움직이고 있다고 생각하도록 만들라고 했다. 그는 이 방법을 사용해보기로 했다.

며칠 후, 중고차를 팔고 새 차를 사고 싶어 하는 고객이 찾아왔다. 그 중고차가 스코틀랜드 출신 부부의 마음에 들 것이라고 확신한 그는, 즉각 그들 부부에게 전화를 걸었다. 그들이 찾아왔을 때, 그는 이렇게 부탁했다.

"나는 그동안 자동차를 보는 당신의 안목에 놀란 적이 한두 번이 아니었습니다. 그래서 드리는 말씀인데, 이 차를 얼마에 사들이는 게 좋을지… 적당한 가격을 매겨주실 수 있겠습니까?"

그러자 그들은 기분이 썩 좋아 보였다. 그의 부탁대로 그 차를 타고 자메이카에서 퀸즈 대로를 달려 포리스트힐까지 드라이브를 하고 돌아온 그들은 이렇게 말했다.

"3백 달러가 적당할 것 같습니다."

"그래요? 그럼 차 주인이 3백 달러에 이 차를 내 놓는다면 당신은 얼마에 이 차를 사시겠습니까?"

물론 흥정은 그 자리에서 이루어졌다. 가격은 3백 달러, 그들 부부 자신이 매긴 가격 그대로였다.


어느 X선 장치 제조업자는 이와 같은 심리를 이용하여 브루클린의 한 병원에 자기 회사의 제품을 팔 수 있었다. 증축 중인 이 병원은 미국에서 명품 X선 과를 만들려고 했다. 업자들이 저마다 자사 제품에 대한 안내서를 내놓고 구입을 요구하는 바람에 병원 X선과 담당 의사인 Y 박사는 그야말로 골머리를 앓고 있었다. 그 중에는 다른 업자들과 비교가 안 될 만큼 교묘하게 사람의 심리를 포착할 줄 아는 업자가 있었다. 그는 다음과 같은 편지를 Y박사에게 보냈다.

우리 회사에서는 최근 최신형 X선 장치를 완성하였습니다. 마침 지금 막 그 첫 번째 제품이 사무실에 도착하였습니다. 저는 물론 이번 제품이 완벽하리라고 생각하지 않습니다. 우리는 항상 더 좋은 제품을 만들려고 노력하고 있습니다. 그러기 위해 박사님의 검사를 받고, 조언을 들을 수 있는 영광을 누리고 싶습니다. 바쁘시겠지만 승낙해 주신다면, 저희 자동차를 보내드리겠습니다.

나의 세미나에 참석한 Y 박사는 당시의 이야기를 이렇게 해주었다.

"그 편지는 뜻밖이었습니다. 의외인 동시에 기쁘기도 했습니다. 나는 그때까지 X선 장치 제조업자로부터 그 어떤 조언도 요구받은 적이 없었거든요. 그 편지는 나를 당당하게 해주었습니다. 그 주 내내 약속이 있었지만, 나는 그 장치를 검사하기 위해 약속하나를 취소했죠. 그런데 그 장치는 보면 볼수록 마음에 들었습니다. 나에게 그것을 사라고 강요하지 않았는데 말이죠. 그저 우리 병원을 위해서 그 장치를 꼭 사야 한다고 생각했습니다. 그래서 나는 그 장치의 우수함에 반해, 그 즉시 계약을 맺었던 것입니다."

## 2. 힌트만 주고 스스로 판단하게 하라

우드로 윌슨 대통령 시절, 에드워드 W. 하우스 대령은 국내 및 외교 문제에 있어서 막강한 영향력을 가지고 있었다. 왜냐하면, 윌슨은 중대한 문제에 대해서 하우드 대령을 각료 이상으로 신뢰하고 있었기 때문이다. 대령은 어떻게 대통령의 신뢰를 얻을 수 있었을까? 대령은 아더 D.하우드 스미스에게 그 방법을 밝힌 적이 있는데, 다음은 「새터데이 이브닝 포스트지」에 기고한 스미스의 글이다. 하우드 대령은 대통령에 대해 이렇게 말하고 있다.

"대통령을 알게 된 후부터, 나는 그가 어떤 문제에 관심을 갖도록 하기 위해서는 그 문제를 아무것도 아닌 듯이 슬쩍 그의 마음에 새겨두는 게 가장 좋다는 걸 알게 되었다. 말하자면 대통령 스스로 그것을 생각해 낸 것처럼 만드는 것이 가장 효과적이라는 사실을 깨닫게 되었다. 나는 처음 엉뚱한 일로 이 사실을 알게 되었다. 어느 날, 대통령과 어떤 문제에 대해서 논의를 하고 있었는데, 대통령은 내 의견과 반대하는 입장을 취하는 것 같았다. 그런데 얼마 후, 만찬석상에서 대통령이 발표한 의견은 앞서 내가 생각했던 의견이었다. 그때 나는 놀라지 않을 수 없었다."

그때 하우드 대령이 '그것은 대통령의 의견이 아니라, 제 의견이지 않습니까?'라고 반박했을까? 물론 대령은 그렇게 말하지 않았다. 대령은 명분보다 실리를 추구했다. 그는 그 의견이 어디까지나 대통령의 것이라고 생각했다. 대통령 자신뿐만 아니라 다른 사람도 그렇게 생각하도록 만들었다. 말하자면 대통령에게 꽃을 안겨준 셈이다. 우리가 설득하고자 하는 상대는 윌슨과 같은 사람이라는 것을 잊지 마라.

수년 전, 뉴브런즈윅에 살고 있는 사람이 이 방법을 사용하여 나를 단골손님으로 만들어버린 적이 있었다. 낚시와 뱃놀이를 겸해 그곳에 갈 계획을 세운 나는 교통 공사에 문의 편지를 보냈다. 그랬더니 곧 수많은 관광 안내소에서 엄청난 양의 안내서와 팸플릿이 날아들었다. 도대체 어느 것이 좋은지 알 수 없을 정도였다. 그런데 뉴욕

거주자로 일찍이 '산의 집'에 숙박한 적이 있는 사람들의 이름과 전화번호가 나란히 적혀 있는 팸플릿이 눈에 띄었다. 거기에는 그분들에게 전화를 걸어 '산의 집'이 어떤 서비스를 제공하는지 문의해 봐 달라고 적혀 있었다.

마침 그 명부에 아는 사람의 이름이 나와 있길래, 나는 당장 그에게 전화를 걸었다. 그리고 '산의 집'에 예약을 신청하였다. 다른 곳은 나에게 강매를 하려고 했으나, '산의 집'은 나에게 스스로 선택하도록 만들었다. 그것이 승리의 열쇠였던 것이다.

# 8. 상대방과 입장을 바꾸어 생각하라

## 1. 입장을 바꾸어 지혜를 터득하라

누구든 옳을 수도 있고, 옳지 않을 수도 있다. 그러나 그들은 결코, 잘못하지 않았다고 생각한다. 그러므로 상대방을 비난해 봤자 아무런 소용이 없다. 차라리 그들을 이해하려고 노력하는 편이 낫다. 현명하고 지혜롭고 인내심을 갖고 있는 사람은 그런 방법을 쓴다.

비난은 어떤 바보라도 할 수 있다. 그러나 현명한 사람은 상대방을 이해하려고 노력한다. 상대방의 말과 행동에는 저마다 그럴만한 이유가 있을 것이다. 그 이유를 찾아내도록 노력해야 한다. 상대방의 입장이 되면, 그의 행동으로 상대방의 성격을 알아낼 수 있다.

항상 스스로에게 질문도 대답하는 습관을 갖도록 하자.

'만약 내가 상대방이라면 이 상황에서 어떻게 느끼고, 어떻게 반응할 것인가?

이런 훈련을 반복하다 보면, 화를 내는 게 얼마나 어리석은지 깨닫게 된다. 그리고 사람을 다루는 요령이 한층 전문화될 것이다.

원인이 무엇인지 관심을 가지면 결과에도 동정심이 생기게 마련이다. 자기에 대한 강렬한 관심만큼 자기 이외의 사람에 대해 관심을 가지고 그런 점에 있어서 인간은 모두 비슷비슷하다는 것을 고려하면, 모든 일에 필요한 원칙을 파악할 수 있다.

『황금같이 귀한 사람을 만드는 법』이란 책에서 케네스 M.구드는 이렇게 말하고 있다.

우리 집 근처에는 공원이 하나 있는데, 나는 언제나 그곳에서 기분 전환을 하곤 한다. 나는 평소에도 그 공원 떡갈나무를 무척이나 아끼고 좋아했다. 그런데 그 어린나무가 사람들의 부주의로 걸핏하면 불에 타는 것을 볼 때마다 슬픈 마음을 억제할 수가 없었다.

그런데 불이 나는 이유는 담배꽁초가 아니었다. 대부분 공원에 놀러 온 소년들이 숲속에서 소시지와 달걀을 요리한 뒤, 그 뒤 처리를 소홀히 했기 때문이었다. 때로는 큰불로 번져 소방차가 동원되는 경우도 있었다.

'모닥불 금지. 위반자는 처벌함.'

이런 게시판이 공원의 한구석에 세워져 있긴 하지만, 사람들의 눈에 띄지 않아 그 효과는 기대할 수가 없었다. 공원 안전을 담당하는 경관이 있지만, 엄하게 단속하지 않기 때문에 화재는 끊이지 않았다. 나는 언젠가 불이 난 것을 발견하고, 경관에게 달려가 소방서에 연락해 달라고 한 적이 있었다. 그런데 경관은 그곳이 자기 담당 구역이 아니기 때문에 그럴 수 없다며 냉담한 표정을 지을 뿐이었다.

그 후 나는 말을 타고 공원을 산책할 때마다 마치 공원 보안관이 된 것 같았다. 그리고 소년들의 입장은 생각도 하지 않고, 소년들에게 불을 끄라고 버럭버럭 화를 내곤 했다. 그래도 듣지 않을 경우에는 경관에게 알리겠다고 위협을 하기도 했다.

내가 보는 앞에서 소년들은 억지로 내가 시키는 대로 하였다. 그러나 내가 그곳을 떠나면, 분명 그들은 또다시 모닥불을 피웠을 것이다. 어쩌면 화가 나서 정말 큰불이 일어나서 공원이 전부 타버렸으면 좋겠다는 생각을 했을지도 모른다.

그 당시에 비해 나는 지금 어느 정도 인간관계를 이해하게 되었고, 부족하지만 상대방의 입장에서 세상을 바라볼 수도 있게 되었다. 지금 같았다면 나는 소년들에게 이렇게 말했을 것이다.

"얘들아, 굉장히 재밌겠는데? 이런 데서 요리를 해 먹으면 무엇이든 맛있는 법이지. 나도 어렸을 때 너희들처럼 이렇게 친구들과 어울려 숲속에서 요리하기를 좋아했었지. 물론 지금도 좋아해. 그러나 너희들도 잘 알고 있겠지만, 여기서 모닥불을 피우는 건 위험하단다. 너희들이야 물론 불을 내지 않겠지만, 이따금 조심성 없는 친구들이 있거든. 실제로 낙엽에 불이 붙어 큰 산불이 난 적도 있었지. 조심하지 않으면 이 공원이 몽땅 타버릴지도 몰라. 원래 여기서 모닥불을 피우면 처벌을 받게 되어 있지만, 너희들이 재미있어 하는 모습을 보니 내 마음도 흐뭇해서 하지 말라고 할 수도 없구나. 계속 놀거라. 그 대신 모닥불 가까이 있는 낙엽은 전부 치워 버려야 해. 그리고 돌아갈 때는 잊지 말고 흙을 뿌려서 불씨를 없애야 하고. 알겠니? 그리고 다음부터 모닥불을 피우고 싶으면, 언덕 너머 모래땅에서 하는 게 안전할 거야. 거기는 불이 날 염려가 없으니까. 자, 그럼 잘 놀다 가거라."

같은 말이라도 이런 식으로 타이르면 그 효과는 전혀 다르다. 강제성이 없어 불평 불만도 없고 소년들의 체면도 서게 된다.

상대방의 입장을 생각해 주면 서로 기분이 좋아질 수 있는 것이다. 남에게 무슨 일을 시켜야 한다면, 눈을 감고 '어떻게 하면 그가 이 일을 하고 싶어할까?'를 생각해 봐야 한다. 좀 귀찮기는 하지만, 그렇게 해서 좋은 결과를 쉽게 얻을 수 있으니 이 얼마나 훌륭한 대인 관계법인가?

하버드 대학의 도남 교수는 이렇게 말하고 있다.

"나는 다른 사람을 방문할 때, 미리 내가 무슨 말을 할 것인지 충분히 생각하고 그 말에 상대방이 어떻게 반응할 것인지 뚜렷하게 윤곽이 잡히기 전에는 그의 집에 들어가지 않는다."

상대방의 입장에서 서서 세상 일을 판단할 줄 아는 지혜를 터득한다면, 당신은 이미 성공의 문턱에 들어선 것이나 마찬가지다.

# 9. 상대방의 입장을
# 이해하고 동정하라

## 1. 상대방의 입장을 이해하라

시비나 나쁜 감정을 없애고 상대방이 선의의 마음을 갖도록 하는 방법은 없을까? 여기 상대방이 당신의 말을 조용히 듣도록 하는 마법의 주문이 있다.

'당신이 그렇게 생각하는 것은 당연합니다. 만약 내가 당신이라도 그렇게 생각할 것입니다.'

아무리 심술궂은 사람이라도 이런 말 앞에서는 조용해지기 마련이다. 더구나 상대방의 입장에서 이런 말을 하면, 그만큼의 성의가 담긴 말이 될 것이다. 만일 우리가 알 카포네와 같은 정신과 육체를 갖고 태어나 똑같은 환경에서 똑같은 경험을 쌓으며 자랐다면, 우리는 그와 한 치도 다르지 않은 인간이 되어 그와 똑같은 일을 하게 될 것이다.

　우리가 뱀이 아닌 이유는 우리 부모가 뱀이 아니기 때문이다. 우리가 소에게 키스를 하거나 뱀을 신성시하지 않는 이유는 우리가 힌두교를 전통 종교로 삼는 집안에 태어나지 않았기 때문이다. 마음에 들지 않는 사람이 있을지라도, 그가 그렇게 된 데에는 그럴만한 충분한 이유가 있을 것이라고 생각하라. 그리고 동정심을 갖고, 상대방을 위로하는 마음을 가져라.

　존 B.가프는 주정꾼을 볼 때마다 이렇게 말하곤 했다.

　'하느님의 은혜가 없었다면 나 역시 저렇게 되었을 것이다.'

　이런 마음으로 사람을 대할 필요가 있지 않을까? 우리가 만나는 대부분의 사람들은 모두 동정에 굶주려 있다고 해도 지나치지 않다. 따라서 동정을 베풀어주면 상대방에게 호감을 사는 것은 당연한 일이다.

　나는 한 라디오 방송에서 『청춘인생』의 작가 루이저 메이 올코트에 대한 이야기를 하던 중 사소한 실수를 한 적이 있었다. 그녀가 매사추세츠주의 콩코드에서 불멸의 소설을 썼다는 사실을 분명히 알고 있으면서도, 실수로 뉴햄프셔주의 콩코드라고 잘못 말해 버렸던 것이다. 그것도 두 번씩이나…

　그걸 들은 청취자들이 가만히 있을 리가 없었다. 방송국과 집으로 신랄한 비난을 담은 편지와 전보가 마구 날아들었다. 특히 매사추세츠의 콩코드에서 자라 필라델피아에서 살고 있다는 어떤 여성은 무척 화를 냈다. 아마 내가 올코트 여사를 식인종이라고 말했다

하더라도 그처럼 화를 낼 수는 없었을 것이다. 나는 편지를 읽으면서, '하느님 정말 감사합니다. 이런 여성과 결혼하지 않은 것이 얼마나 다행인지 모르겠습니다'라고 말했다. 나는 그녀에게 '나는 단지 지명을 잘못 말하는 잘못을 저질렀으나, 당신은 예의에 어긋나는 큰 실수를 범하고 있다'는 내용의 답장을 보내주고 싶었다.

그러나 나는 그것이 또 다른 어리석은 짓이라는 걸 깨달았다. 나는 그녀로 인해 바보가 되고 싶지 않았다. 그래서 그녀의 적의를 호의로 바꿔 보기로 했다. 나는 나 자신에게 속삭였다.

"만약 내가 그녀였다면, 나 역시 그렇게 느꼈을 게 틀림없다."

그리고는 그녀의 입장을 이해해 보려고 노력했다. 얼마 후, 나는 그녀에게 전화를 걸었다.

나 : 지난번 편지가 참으로 고마워 실례를 무릅쓰고, 이렇게 전화로 감사를 드립니다.

그녀 : (똑똑하고 품위 있는 목소리로) 실례지만 누구시죠?

나 : 직접 뵌 적은 없습니다만, 저는 데일 카네기라는 사람입니다. 전에 제가 방송에서 올코트 여사에 대해 이야기하면서 매사추세츠와 뉴햄프셔를 바꿔 말하는 어처구니없는 실수를 한 적이 있지요. 기억하시겠습니까? 그래서 사과를 드리려고 이렇게 전화를 드린 겁니다. 제 잘못을 지적하는 편지까지 보내주셔서 뭐라고 감사의 말씀을 드려야 할지…

그녀 : 아… 그러세요? 저야말로 너무 심한 편지를 드려서…

죄송합니다. 그때는 실례했습니다. 제가 좀 흥분했던 모양입니다. 사과는 오히려 제가 드려야죠.

나 : 무슨 말씀을… 부인께서 사과할 필요는 조금도 없습니다. 어린아이도 알고 있는 사실을 실수하다니… 그 다음 방송에서 사과를 드렸습니다만, 부인께는 직접 말씀드리고 싶었습니다.

그녀 : 네… 저는 매사추세츠의 콩코드에서 태어났는데, 저의 집은 매사추세츠에서도 이름 있는 가문이죠. 저는 그곳을 매우 자랑스럽게 생각한답니다. 그래서 그 방송을 듣고 성급하게 그런 편지를 쓰게 되었습니다. 부끄럽습니다.

나 : 무슨 말씀을… 오히려 제가 부끄럽습니다. 제가 지명을 잘못 말했다고 해서 매사추세츠의 명예가 손상되는 것은 아니겠지만… 그래도 무척 죄송했습니다. 부디 앞으로도 많은 충고 바랍니다.

그녀 : 어머, 선생님. 그런 무례한 편지를 드렸는데도 조금도 화를 내지 않으시다니… 선생님은 정말 훌륭한 분이시네요. 저야말로 잘 부탁드리겠습니다.


내가 그녀의 입장에서 사과를 하자, 그녀 역시 내 입장에서 사과를 했다. 한순간 노여움을 참아 낸 보람이 있다고 생각하니 마음이 상쾌해졌다. 그때 나는 상대방을 꾸짖기보다는 호감을 사는게 훨씬 유쾌한 일이라는 걸 알게 되었다.

## 2. 동정심은 나쁜 감정을 없애는 특효약

대통령들은 매일 골치 아픈 대인관계를 맞닥뜨릴 수밖에 없다. 태프트 대통령도 예외는 아니었다. 그러나 그는 오랜 경험으로 나쁜 감정을 없애는 데 동정심이 가장 훌륭한 특효약이라는 걸 깨닫고 있었다. 그는 자신이 쓴 『봉사의 윤리학』에서 어떻게 상대방의 반감을 누그러뜨릴 수 있었는지 여러 가지 예를 들어 보여주고 있다. 다음에 소개하는 것은 바로 그중 한 대목이다.

워싱턴에 사는 어떤 부인이 아들에게 보직을 하나 달라고 6주 동안이나 매일같이 나를 찾아와 부탁했다. 그녀의 남편은 정계에서 어느 정도 영향력이 있는 사람이었다. 그녀는 많은 상·하원의원들의 도움을 얻어 아들이 일할 자리를 마련하려고 했다. 그러나 그녀의 아들이 원하는 직위는 전문적인 기술을 필요로 했기 때문에, 나는 그 부처 책임자의 추천을 받아 다른 사람을 임명하였다. 얼마 후, 그녀에게서 원한에 사무친 편지가 날아왔다.

그녀는 그 편지에서 내가 마음만 먹었다면 자신이 원하는 것을 들어줄 수 있는데도 해주지 않았다며 비난했다. 그리고 내가 특히 관심을 가지고 있던 법안을 통과시키기 위해 그녀는 지역구 출신 국회의원 모두를 설득해서 그 법안을 지지하도록 했었다고 덧붙여 말했다. 말하자면 나는 은혜를 원수로 갚은 못된 인간이 된 것이다.

이러한 편지를 받게 되면 누구나 상대방의 무례함을 혼내주고 싶어서 당장에 반박하는 답장을 썼을 것이다. 그러나 현명한 사람이라

면 그 편지를 곧바로 부치지 않고 책상 서랍에 넣어두었다가 2~3일
이 지난 뒤 다시 꺼내본 후 좀더 냉정하게 생각해 볼 것이다. 나는
그녀에게 가능한 한 친절하게 편지를 썼다.

그녀가 실망한 것은 충분히 이해하지만, 인사 문제는 나의 뜻만
으로 결정할 수 없는 일이고, 또 그 분야에 전문적인 기술을 가진 사
람이 필요했기 때문에 국장의 추천을 따를 수밖에 없었다는 것과 아
들의 현재 자리도 그녀의 기대에 어긋나는 자리는 아니라는 점을 강
조했다. 내 편지를 받고 기분이 풀린 그녀는 며칠 후, 사과의 편지를
보내왔다.

그런데 웬일인지 내가 임명한 사람의 발령이 특별한 이유 없이 지
연되었다. 그 사이에 이번에는 그녀의 남편에게서 편지가 날아왔다.
자세히 살펴보니, 이전에 그녀가 보낸 편지와 글씨가 같았다. 남편
의 편지에서는, 아들 일이 있은 후 아내가 신경쇠약증에 위암 증상
까지 나타나 거의 빈사 지경에 이르렀다고 했다. 그런 그녀의 병은
그의 아들을 원하는 자리에 임명해 주면 나을 것이라고 했다.

그러나 나는 그럴 수 없었다. 나는 다시 한번 편지를 썼다. 그녀의
남편 앞으로…나는 그 편지에서, 부인의 건강이 속히 완쾌되기를 바
란다고 말하고, 유감스럽지만 인사 문제는 번복할 수 없다고 못박았
다. 게다가 그때는 이미 임명장이 나온 뒤였다. 편지를 보낸 지 이틀
뒤, 백악관에서 음악회를 개최했는데, 그때 우리 부부에게 가장 먼
저 인사를 건넨 부부는 바로 그들이었다. 그 부인은 2~3일 전만 해
도 빈사 상태의 병석에 누워 있었을 텐데 말이다.

솔 휴로크는 미국 음악계에서 이름난 매니저였다. 그는 지난 20년 동안 살리아핀, 이사도라 던컨, 파블로바 등과 같은 세계적으로 유명한 예술가들과 함께 일했다. 그는 성미가 까다로운 예술가들의 마음을 움직이기 위해서는, 남달리 뛰어난 그들의 개성에 대한 동정심이 반드시 필요하다고 내게 말한 적이 있었다. 살리아핀의 매니저로 일할 때, 휴로크는 그의 괴팍한 성격 때문에 골머리를 앓곤 했다고 한다.

그런 살리아핀이 한 번은 '오늘은 컨디션이 좋지 않아 노래를 할 수 없다'며 밤무대 스케줄을 어기려고 했다. 그러나 그의 버릇을 익히 알고 있던 휴로크는 결코 화를 내지 않았다. 논쟁을 해봤자 아무 소용이 없다는 사실을 너무나도 잘 알고 있던 그는, 급히 살리아핀이 묵고 있는 호텔로 달려갔다.

"안 됐네. 정 그렇다면 공연을 취소해야지 별수 있겠나? 무리하게 노래를 해서 명성에 금이 가는 것보다 계약을 취소하는 게 훨씬 낫겠지."

그러자 살리아핀이 한숨을 지으며 말했다.

"조금 있다가 다시 한번 와주겠나? 다섯 시쯤 되면, 괜찮을 것도 같은데…."

다섯 시에 다시 호텔로 찾아간 그는 굳이 무리할 필요 없다고 말했다. 그러자 살리아핀은 다시 한번 이렇게 말했다.

"많이 나아졌네. 좀 더 있으면 완전히 컨디션이 회복될 거야. 한 번 더 와주겠나?"

7시 30분, 샬리아핀은 개장 직전에서야 드디어 출연하기로 마음을 먹었다. 청중들에게 목 상태가 좋지 않다는 것을 미리 밝혀 양해를 구해 달라고 하면서…

아더 I.게이츠 박사의 유명한 저서 『교육심리학』에 다음과 같은 구절이 있다.

인간은 모두 동정심을 원한다. 상처가 난 아이들은 일부러 그 상처를 내보이고, 때로는 동정을 구하기 위해 상처를 만드는 경우도 있다. 어른들도 마찬가지이다. 그들도 상처를 내보이거나 자신이 힘들었던 이야기를 하고 싶어한다.

정도의 차이는 있겠지만, 자신의 불행을 통해 상대방에게서 동정을 받고 싶어하는 마음은, 인간이라면 누구에게나 있는 것이다.

# 10. 인간의 아름다운
# 감정에 호소하라

Find purpose, the means will follow.
목적을 발견하라, 수단은 뒤따라 올 것이다.
Mahatma Gandhi(인도의 변호사, 정치가)

## 1. 모든 사람이 좋아하는 호소 방법을 찾아라

나는 미주리주의 변두리, 대도 제시 제임스가 살던 농장 근처에서 살았다. 지금도 그 농장에는 제시의 아들이 살고 있다. 나는 그 아들의 부인으로부터 제시가 열차나 은행을 습격했을 때 상황과 훔친 돈을 가난한 농부들에게 나누어 준 이야기를 듣곤 했다.

나는 그런 이야기를 들을 때마다 제시 제임스가 알 카포네 같은 사람들처럼 자기를 이상주의자라고 생각했을지도 모른다는 상상을 했다.

어쩌면 모든 사람은 자기 자신을 높이 평가하고, 훌륭한 인물이라고 생각할지도 모른다.

은행가이자 미술품 수집가로도 유명한 J. P. 모건은 '인간이 어떤 행위를 하는 데는 두 가지 이유가 있다'고 말한 적이 있다.

그가 말하기를, 그중 한 가지는 '그럴듯하게 미화된' 이유, 또 다른 한 가지는 '진실한' 이유라고 한다.

'진실한' 이유는 남이 뭐라 말하지 않아도 본인이 그것을 잘 알고 있기 때문에 굳이 강조할 필요는 없다. 그러나 인간은 누구나 이상주의적인 경향을 가지고 있어서 자신의 행위에 대해서 '그럴듯하게' 꾸미고 싶어한다. 그러므로 상대방의 생각을 바꾸기 위해서는 '그럴듯하게' 이유를 꾸미고 싶어하는 마음에 호소해야 한다. 이것을 사업에 적용하면 어떻게 될까?

펜실베이니아주의 글레놀덴에서 아파트 임대업을 하는 해밀턴 파렐 씨의 경험을 예로 들어보자.

그의 아파트 입주자 중 계약 기한이 아직 4개월 남았는데도 이사를 가겠다고 고집을 피우는 사람이 있었다. 나의 세미나에 참석한 파렐 씨는 그때의 일을 이렇게 이야기해 주었다.

그 가족은 나의 아파트에서 한겨울을 났다. 겨울은 1년 중 가장 전세금이 비쌀 때이다. 따라서 가을이 되기까지는 새로운 입주자를 구하기가 매우 어려운 형편이었다. 그런데도 그의 고집 때문에 임대 수입이 떨어진다고 생각하자 은근히 화가 났다. 평소 같았으면 나는 계약서를 제시하며, 이사를 가려면 계약 기간 동안에 방세를 모두 지불하고 가라고 다그쳤을 것이다. 그렇지만 나는 그런 소란을 떨고 싶지 않았다. 나는 곰곰이 생각해 본 끝에, 그를 찾아가 이렇게 말했다.

"댁의 사정은 이해하겠습니다만, 나로서는 당신이 이사를 갈 것 같지는 않군요. 오랫동안 아파트 임대업을 하다 보니 나도 모르게 사람 보는 눈이 생겼거든요. 제가 볼 때 당신은 약속을 어겨가면서까지 이사를 갈 분이 아닙니다. 이 문제를 조금만 더 생각해 보십시오. 그래도 내가 사람을 잘못 본 거라고 생각하면 그만이니까요. 하지만 나는 당신이 약속을 어길 사람은 아니라고 굳게 믿고 있습니다."

며칠 후, 그가 직접 집세를 가지고 왔다. 그리고 아내와 상의한 결과, 이사가는 것을 취소하기로 했다고 말했다. 그 이유는 물론 약속을 지키는 게 매우 중요한 일이라는 사실을 깨달았기 때문이었다.

영국 어느 신문사 사장인 노스크리프 경은 공개하고 싶지 않은 자신의 사진이 신문에 실린 것을 보고는 편집장 앞으로 편지를 보냈다. 그러나 그는 그 편지에 '내 마음에 들지 않으니 그 사진을 신문에 절대 싣지 말라'고 쓴 것이 아니었다.

그는 좀 더 아름다운 심정에 호소했다. 누구나 품고 있는 어머니에 대한 존경과 애정에 호소를 했던 것이다.

"그 사진을 신문에 게재하지 말아주시기 바랍니다. 저의 어머님이 매우 싫어하시는 사진이기 때문입니다."

록펠러 2세도 자신의 아이들의 사진이 신문에 게재되는 것을 방지하기 위해 '아이들의 사진을 신문에 싣는 것에 동의할 수 없다'라고 잘라 말하지 않았다. 그는 어린 자식들을 사랑하는 부모의 공통된 심정에 호소했다.

"아이를 가진 분들이라면 잘 이해하리라 생각합니다만, 너무 드러내놓고 떠들면 자칫 아이의 장래에 불행한 영향을 줄 것 같아 걱정입니다."

## 2. 모든 사람은 특별한 존재이다

메인주의 빈민가 출신인 사이러스 커티스는 「새터데이 이브닝 포스트 지」와 「레이디스 홈즈 저널지」의 창설자로서, 매우 입지전적인 인물이다. 사업 초창기에 그는 다른 잡지사와 같은 수준의 원고료를 작가들에게 지불할 능력이 없었다. 일류 작가의 고액 원고료는 두말할 나위도 없었다.

그래서 그는 상대방의 아름다운 심정에 호소하기로 작정했다. 그는 당시의 인기 작가였던 올코트 여사에게 원고 청탁을 하고, 1백 달러짜리 수표를 그녀에게 건네주는 대신, 그녀가 열심히 참여하고 있는 자선단체에 보냈다. 그가 올코트의 환심을 사 성공을 거둔 것은 어쩌면 당연한 일이었다.

독자 중에는 '그런 수법이 까다로운 사람에게도 통용될 수 있을까?' 라는 의문 갖는 사람이 있을지도 모른다. 물론 그렇다. 이 방법은 상대에 따라서는 통용되지 않을 수도 있다. 만약 당신이 이보다 더 좋은 방법을 알고 있다면, 굳이 이런 방법을 쓸 필요는 없다. 그러나 그렇지 않다면 내가 제시한 이 방법을 실험해 보라.

다음은 제임스 토머스라는 사람이 내 세미나에서 발표한 체험담이다. 독자들이 퍽 흥미 있어 할 것 같아 여기에 소개한다.

어떤 자동차회사의 고객 여섯 명이 각기 한 가지씩의 항목이 잘못되었다며 자동차 수리대금을 지불할 수 없다고 주장했다. 그러나 회사 측에서 수리할 때마다 고객의 사인을 받아놓았기 때문에 틀림이 없다며 지불을 독촉했다. 이때 자동차회사는 수리 금을 징수하는 데 있어 몇 가지 실수를 범하였다.

첫째, 수금 사원이 직접 고객을 찾아가서 이번 달에는 무슨 일이 있어도 꼭 지불하라고 퉁명스럽게 말했다.

둘째, 청구서는 틀림없으며 고객이 틀렸다는 점을 분명하게 못박았다.

셋째, 자동차에 대해서는 손님보다 회사 쪽이 훨씬 더 잘 알고 있으므로 더 이상 논쟁의 여지가 없다고 설명했다.

넷째, 그 결과 그들은 치열한 논쟁을 벌이게 되었다.

그렇다면 위의 네 가지 방법으로 수금 사원이 수리대금을 원활히 징수할 수 있으리라고 생각하는가? 천만의 말씀이다. 그는 결국, 법적인 수단을 강구 할 수밖에 없다고 판단하기에 이르렀다. 그러던 중 지배인이 이 사실을 알게 되었다.

문제를 면밀히 조사해 보니 지배인은 그 고객들이 이전까지만 해도 대금을 제때 지불해온 매우 양호한 우수 고객들이었다는 사실을 알아냈다. 그렇다면 문제는 손님 쪽에 있는 것이 아니라, 수금 징수 방법에 문제가 있는 것이었다. 그래서 지배인은 제임스 토머스에게 이 문제를 해결하도록 지시했다. 이때 토머스 씨가 취한 방법은 이

랬다.

첫째, 고객들을 방문한 그는 미납된 대금에 대해서는 단 한 마디도 말하지 않고 다만 회사의 서비스 실태를 조사하기 위해 왔을 뿐이라고 말했다.

둘째, 상대방의 얘기를 들어보지 않고서는 어떤 판단도 할 수 없다. 그래서 덧붙여 회사측에서 실수를 했을지도 모른다고 말했다.

셋째, 그가 알고 싶은 것은 고객의 자동차에 관한 일뿐인데 그 차에 대해서는 차주인인 고객이 누구보다도 잘 알고 있을 것이라고 말하였다.

넷째, 고객이 말을 할 수 있도록 하고 동정심과 흥미를 가지고 고객의 이야기를 귀담아들었다.

다섯째, 얼마 후 고객이 흥분을 가라앉힐 때까지 기다려 공정한 판단에 호소하였다.

"저희 불찰로 폐를 끼쳐드리게 되어 참으로 죄송합니다. 고객님은 아마 수금 사원의 태도에 매우 기분 상하셨을 겁니다. 회사를 대표해서 그 점 깊이 사과 드립니다. 나는 고객님의 공정하고 관대한 인격에 감탄했습니다. 그런데… 한 가지 부탁이 있습니다. 고객님의 도움이 필요한 일입니다. 그건 다름이 아니라, 이 청구서 말입니다… 이것을 고객님께서 직접 정정해 주신다면 저도 안심하고 회사에 보고를 드릴 수 있겠습니다. 부디 고객님이 우리 회사의 사장이라는 생각을 가지고 이것을 정정해 주십시오. 모든 것을 고객님께 맡기고 정정하신 대로 처리하겠습니다."

제임스 토머스의 방법은 멋지게 적중하였다. 여섯 명의 고객 중 단 한 사람이 대금의 일부를 지불하지 않았을 뿐, 다른 다섯 명 고객은 모두가 흔쾌히 전액을 지불하였다. 특히 재미있는 것은 그 후 2년 동안, 제임스 토머스가 이 여섯 명의 고객으로부터 새 차를 주문받았다는 사실이다. 토머스 씨는 이에 대해 이렇게 말했다.

"상대방을 확실히 믿을 수 없을 때는, 일단 그를 훌륭한 신사로 간주하라. 그러면 틀림없이 성공한다. 인간은 누구나 정직하게 살고자 한다. 예외는 거의 없다. 남을 기만하는걸 일삼는 인간도 상대방에게서 진심 어린 신뢰를 받고, 정직하고 공정한 인물로 인정받으면 좀처럼 나쁜 일을 할 수가 없다."

# 11. TV나 영화에서처럼 극적인
# 연출 효과를 느껴라

### 1. 나만의 연출 효과를 찾아라

몇 해 전, 필라델피아 「이브닝 블루틴 신문사」에 악성 루머가 퍼지는 중대한 문제가 발생했다. 이 신문은 수입원의 대부분을 광고에 의존하고 있고, 기사의 양이 매우 적어 독자들의 흥미를 끌지 못했으며, 광고를 내도 효과가 거의 없다는 소문이었다. 신문사로서는 하루라도 빨리 소문의 뿌리를 찾아 뽑아내는 게 급선무였다. 그래서 다음과 같은 방법을 취하기로 결정했다.

필라델피아 「이브닝 블루틴지」는 하루치 지면의 기사를 따로따로 분류해 '하루' 라는 제목을 달고 한 권의 책으로 만들어 출판했다. 307쪽 분량이었으나, 그 값은 겨우 몇 센트에 불과했다. 이 책은 필라델피아 「이브닝 블루틴지」에 재미있는 읽을 거리가 많이 게재된다는 사실을 효과적으로 알려주기 위해 선택한 방법이었다. 그야말로 멋진 연출 솜씨가 아닐 수 없었다. 단순히 숫자를 나열하거나 변명해서 해결하기 힘든 일을 한 방에 해치운 셈이었다. 물론 '하루'를 발간한 이후 이 신문사에 대한 악성 루머는 슬그머니 꼬리를 감추었다.

뉴욕 대학의 리처드 버튼 교수와 비스 교수는 1만 5천 건의 상담을 분석하여 『논쟁에서 이기는 법』이라는 제목의 책을 저술하고, 같은 원리를 '판매의 여섯 가지 원칙'이라는 제목으로 강연하였으며, 나중에는 이것을 영화로 만들어 세일즈맨들에게 보여주었다. 실례와 실연을 통해 판매의 올바른 방법과 그릇된 방법을 가르쳐주었던 것이다.

현대는 연출의 시대이다. 단순히 사실만을 열거하는 것으로는 충분하지가 않다. 흥행적인 기법을 쓸 필요가 있다는 말이다. 영화나 라디오, 텔레비전 등은 모두 이러한 수법을 사용하고 있다. 사람의 주의를 끌기 위해서는 이런 방식이 무엇보다도 효과적이다. 인테리어 디자이너들은 연출의 효과가 얼마나 중요한지를 잘 알고 있을 것이다.

쥐약 제조회사가 소매점의 쇼윈도에 살아 있는 쥐 두 마리를 이용한 광고로 판매고를 다섯 배나 올린 예는 그 효과를 아주 잘 보여준다.

제임스 보인튼 씨는 엄청난 양의 시장 조사 보고서를 작성해 달라는 의뢰를 받았다. 어느 일류 콜드크림 제조 회사에서 제품의 가격을 내려야 할 것인가, 내리지 말아야 할 것인가를 결정하기 위해 자료가 필요하다는 요청을 해 왔기 때문이다. 조사 결과를 작성한 보인튼 씨는 그것을 의뢰인에게 전달하러 갔다. 그런데 그는 콜드크림 업계의 거물로서 까다롭기로 유명한 인물이었다. 여기서 보인튼 씨의 이야기를 직접 들어보자.

그와 나는 한동안 나의 조사 방법에 대해서 쓸모 없는 논쟁을 벌였다. 논쟁 끝에 나는 그를 승복시킬 수는 있었으나, 유감스럽게도 보고서를 제출할 수는 없었다.

두 번째 그를 찾아갔을 때, 나는 자료 따위에 구애받지 않고 조사한 사실을 극적으로 연출해 보였다. 내가 그의 방으로 들어갔을 때, 그는 전화를 걸고 있었다. 그가 통화하는 사이, 나는 가방 속에서 서른두 개의 콜드크림을 꺼내 그의 책상 위에 나란히 올려놓았다. 그가 알고 있는 모든 제품, 즉 그의 경쟁 회사 제품을 전부 진열해 놓은 것이었다.

그 용기들의 표면에는 해당 제품의 판매 현황 등 나의 조사 결과를 기입한 표가 붙어 있었다. 효과는 눈부셨다. 지난번과 같은 논쟁이 일어날 여지는 전혀 없었다. 용기를 하나하나 집어든 그는 그것에 붙어 있는 표를 천천히 읽어나갔다. 이윽고 그와 나 사이에는 부드러운 분위기가 조성되었고, 극히 가벼운 질문이 오갔다. 그는 내가 조사한 결과에 상당히 흥미를 느낀 것 같았다. 10분으로 한정되었던 우리의 대화 시간은 20분을 넘고, 40분을 지나 한 시간이 되어도 끝날 줄을 몰랐다.

지난번과 똑같은 조사 결과를 제공하였는데도, 연출 효과 덕분에 이외의 성과를 거둘 수 있었던 것이다. 나는 이 기법이 이런 효과를 가져오리라고는 미처 생각하지도 못했었다.

# 12. 상대방의
# 경쟁심을 자극하라

It always seems impossible until it's done.
어떤 일이든 성공할 때까지는 불가능해 보인다.
Nelson Mandela(남아프리카 최초의 흑인 대통령, 노벨 평화상 수상)

## 1. 게임처럼 경쟁심을 자극하라

찰스 슈와프가 담당하고 있는 공장 중에서 유독 실적이 오르지 않는 공장이 있었다. 슈와프는 그 공장의 책임자를 불러 다음과 같이 물었다.

"당신은 퍽 유능한 사람으로 알고 있는데, 실적이 오르지 않으니 의외군요?"

그러자 책임자인 공장장이 머리를 긁적이며 말했다.

"글쎄요, 저도 그 이유를 알 수가 없습니다. 여러 방법을 써봤지만, 별 효과가 없습니다."

그 두 사람이 대화를 나눌 때는, 마침 주간 근무자와 야간 근무자의 교대 시간이었다.

슈와프는 분필을 찾아 손에 쥐고는, 교대 준비를 하는 주간 근무자에게 물어보았다.

"오늘은 주물 작업을 몇 번 했소?"

주간 근무자가 대답했다.

"여섯 번입니다"

그러자 슈와프는 아무 말 없이 공장 바닥에 '6' 자를 써놓고는 나가버렸다.

이윽고 야간 근무조가 공장 안으로 들어왔다. 그중 한 사람이 '6' 자를 보고는 이게 무슨 뜻이냐고 교대자에게 물어보았다.

"슈와프가 적어놓고 간 거야. 오늘 주물 작업을 몇 번 했냐고 묻길래, 여섯 번이라고 대답했더니, 이렇게 '6' 자를 써놓고 나가더군."

다음 날 아침, 슈와프는 다시 그 공장을 찾아갔다.

바닥에는 '6' 자 대신 '7' 자가 쓰여 있었다. 이는 야간반이 주간반보다 실적을 더 올렸다는 뜻임이 분명했다.

이윽고 주간반이 또 교대를 했다. 그들은 이번에는 '7' 자 대신 '8' 자를 적어놓았다. 이렇게 해서 그 공장의 능률은 쑥쑥 올라가게 되었다.

실적이 좋지 못했던 그 공장은 얼마 안 가서 다른 공장을 누르고 생산율 1위를 차지하기에 이르렀다. 이에 대해 슈와프는 이렇게 말했다.

"무엇보다 일에는 경쟁심이 중요하다. 그러나 돈을 벌려고 하는 악착스런 경쟁심이 아니라 남들보다 뛰어나고 싶다는 경쟁심이어야 한다.”

우위를 차지하고 싶다는 욕구와 경쟁의식, 불굴의 투지, 굳센 용기에 호소하는 것도 하나의 방법이다. 불굴의 투지를 자극받지 않았다면 시어도어 루스벨트도 대통령이 되지 못했을 것이다. 스페인과의 전쟁에서 돌아온 그는 곧바로 뉴욕 주지사로 선출되었다. 그러자 반대파들이 루스벨트는 법적으로 뉴욕주 거주인으로서 자격이 없다고 항의하였다. 그들의 주장에 놀란 루스벨트는 그렇다면 사퇴를 하겠다고 뒤로 물러섰다. 그러자 토머스 콜리어 플래트가 그에게 호통을 쳤다.

“산 후앙 언덕의 용사가 겁쟁이가 되다니!”

이 말을 들은 루스벨트는 사의를 번복하고 싸울 결심을 하였다. 그 다음 얘기는 역사가 보여주고 있는 내용 그대로이다. 루스벨트가 자극을 받은 이 한마디는 그의 생애를 바꾸어 놓았을 뿐만 아니라, 미합중국 역사에도 중대한 영향을 끼쳤다.

알 스머스가 뉴욕 주지사로 있을 때였다. 그는 싱싱 교도소의 소장을 맡을 인물이 없어서 고민하고 있었다. 교도소 내의 질서가 문란해지고 분위기가 좋지 않았기 때문에, 어느 때보다도 강력한 인물이 필요했다. 고심 끝에 뉴햄프턴의 루이스 로즈가 적임자로 지목되었다.

로즈를 부른 스미스는, ‘어떤가? 자네가 싱싱 교도소의 일을 맡아주었으면 하는데… 경험 많고 강력한 인물이 필요하거든’ 이라고 말하였다. 로즈는 좀 난처해 했다. 사실 싱싱 교도소장이 되는 것은 그다지 달갑지 않은 일이었던 것이다. 더구나 소장이라는 자리는 정치계의 흐름에 민감해서 임기가 불과 3개월이라는 말이 나돌 정도로 자주 교체되곤 했다. 로즈로서는 자칫 하다가는 자신이 위험하게 될지도 모른다고 생각할 만했다. 그가 주저하는 것을 본 스미스는 몸을 뒤로 젖히고 호탕하게 웃으면서 다음과 같이 말했다.

"하긴 너무 힘든 직책이라… 마음이 내키지 않는 것도 무리는 아닐 걸세. 웬만한 인물은 감당하지도 못할 테니까."

이것은 로즈의 오기를 자극하는 말이었다. 이 말을 들은 로즈는 웬만한 인물은 감당하지도 못할 일을 해보고 싶다는 마음이 생겼다. 그 직책을 수락한 로즈는 부임한 뒤 열심히 일했다. 그리고 지금은 명소장이 되어, 그의 이름을 모르는 사람이 없을 정도가 되었다. 그의 저서 『싱싱 교도소에서의 2만 년』이라는 책은 수십만 부가 팔렸고, 라디오 방송에도 나왔다. 그의 저서에 있는 내용을 소재로 한 몇 편의 영화가 제작되기도 하였다. 그리고 그의 '수감자 대우 개선론'은 교도소 행정에 기적적인 개혁을 가져왔다.

파이어스턴 고무회사의 창설자 하버드 S.파이어스턴은 이런 이야기를 한다.

"월급만 주면 사람이 모이고, 사람이 모이면 인재가 확보될 거라는 생각은 잘못이다. 무엇보다 경쟁심을 도입하는 것이 필요하다."

성공한 사람들은 하나같이 게임을 좋아한다. 게임을 통해 자기표

현의 기회를 얻을 수 있기 때문이다. 정정당당하게 싸워 이길 수 있는 기회, 바로 이것이 경쟁을 성립시키는 요소이다. 그러므로 우위를 점하고 싶은 욕구와 충족감을 얻고 싶은 그 소망을 자극하라.

## 사람을 설득하기 위한 12가지 방법

1. 시시비비의 논쟁을 피하라

2. 상대방의 의견을 존중하고 잘못을 탓하지 마라.

3. 당신이 잘못 했다면 즉시 인정하고 사과하라.

4. 우호적이고 겸손한 태도로 대하라.

5. 처음부터 Yes라고 대답할 수 있는 질문만 하라.

6. 상대방이 마음껏 말하도록 하라.

7. 스스로 생각하고 판단하게 하라.

8. 상대방과 입장을 바꾸어 생각하라.

9. 상대방의 입장을 이해하고 동정하라.

10. 인간의 아름다운 감정에 호소하라.

11. TV나 영화에서처럼 극적인 연출의 효과를 느껴라.

12. 상대방의 경쟁심을 자극하라.

# CHAPTER 4

# 사람을
# 바로 잡는
# 9가지 방법

**Twelve Principles to Persuade People**

칭찬부터 하고 결점은 나중에 지적하라.

간접적인 충고로 스스로 깨닫게 하라.

자신의 실수부터 이야기하라.

자발적인 참여와 협조를 부탁하라.

상대방의 명예와 자존심을 높여 주어라.

사소한 일이라도 구체적이고 진심으로 칭찬하라.

절대적인 신뢰와 기대감을 나타내라.

칭찬과 격려는 아끼지 마라.

기쁘게 협력하게 하라.

볼드윈 기선회사의 새뮤얼 버클렌 사장은 이렇게 말했다.
"상대방의 좋은 점, 그것을 찾아낸 경의를 표하고 칭찬을 하면, 대개 사람들은 이쪽이 생각하는 바대로 따라오게 마련이다."
요컨대 상대방의 약점을 고쳐주고 싶다면, 그 점에 대해서 그가 다른 사람보다 훨씬 뛰어나다고 말해 주는 것이 효과적이라는 뜻이리라.

# 1. 칭찬부터 하고 결점은
# 나중에 지적하라

If you have faith, it will happen.
당신이 간절히 바란다면, 그것은 이루어질 수 있다.
Wilma Rudolph(소아마비를 이겨낸 미국의 육상선수)

## 1. 칭찬 거리를 찾아라

쿨리지 대통령의 초대를 받은 내 친구 하나가 백악관에서 주말을 보낸 적이 있다. 대통령의 방에 들어선 순간, 대통령이 비서에게 말하고 있었다.

"옷이 정말 잘 어울리는군! 당신은 정말 미인이야."

평소 말이 없기로 유명한 쿨리지가 이런 찬사를 하는 것은 매우 드문 일인지라, 비서는 당황해서 볼이 발갛게 상기되었다. 그러자 대통령은, '그렇게 어려워할 것 없어요. 기분 좋으라고 한 말이니까… 그리고 이제부터는 띄어쓰기와 구두점에 유의해 주기 바라네'라고 말하는 것이었다.

그의 이런 방법은 조금 노골적이기는 하지만, 인간 심리에 대한 통찰력은 칭찬해 줄 만하다. 칭찬을 받은 후에 듣는 잔소리는 그리 나쁘게 생각되지 않는 게 보통이기 때문이다.

이발사는 면도를 하기 전에 비누 거품을 먼저 바른다. 1896년 매킨리가 대통령 선거에 입후보됐을 때, 그는 이발사의 방법을 그대로 따랐다.

하루는 어떤 유력한 공화당원이 연설문 초고를 써왔는데, 그는 그것을 최고의 연설문이라고 자부하며 득의에 차 매킨리에게 읽어주었다. 그 연설문은 물론 훌륭한 곳도 있었으나, 전체적으로 거의 쓸모가 없는 것이었다. 매킨리는 그대로 연설을 했다가는 비난의 화살이 쏟아질 것 같았다. 그러나 그는 이 당원의 자존심을 상하게 하고 싶지 않았다. 사실 그의 열정만은 존중해 줄 만큼 대단했다. 그의 자존심을 지켜주는 일이 쉽지는 않았지만, 매킨리는 그것을 훌륭하게 해냈다. 그는 먼저 이렇게 말했다.

"매우 훌륭하군. 정말 훌륭해. 적당한 시기에 활용하면 100% 효과가 있을 거야."

그런 다음 이렇게 덧붙였다.

"그러나 이번 연설에 쓰기에는 좀… 적절하지 않은 것 같아서 말일세. 자네 입장에서 보면 이보다 훌륭한 연설문도 없겠지만, 나는 당의 입장을 먼저 생각해야 하네. 어떤가? 한 번 더 수고를 해줄 수 있겠나? 그리고 완성되면 반드시 나에게 보여주게."

매킨리의 취지를 알아들은 그는 얼마 후, 그 원고를 다시 써왔다. 그리고 그는 유능한 찬조 연사로서 크게 활약했다.

이번엔 에이브러햄 링컨의 편지 중에서 두 번째로 유명한 것을 소개해 보자. 물론 가장 유명한 것은 백스비 부인에게 보낸 것으로서, 그녀의 다섯 아들이 전사한 것을 애도하는 내용의 편지이다.

링컨이 두 번째로 유명한 편지를 쓰는 데는 아마 5분도 채 걸리지 않았을 것이다. 그러나 1926년에 공개 입찰된 이 편지는 무려 1만 2천 달러에 팔렸다. 이 금액은 링컨이 50년 동안 애써 저축한 돈보다 많은 액수였다. 이 편지는 남북전쟁 당시 북군이 가장 불리한 전세에 빠져 있을 때인 1863년 4월 26일에 써진 것인데, 이때 북군은 무려 18개월 동안 패전을 당하던 중이었다. 사상자의 수는 늘어만 가고, 국민은 실망의 늪에 빠져 있었다. 탈주병들이 수천 명에 달해 공화당의 상원의원조차도 링컨을 퇴진시키려 할 정도였다.

"이제 우리의 운명은 파멸 직전에 놓여 있소. 하나님도 우리를 버리신 것 같소. 희망의 빛이라곤 하나도 찾아볼 수 없게 되었소."

링컨이 이렇게 말할 정도로 절망적이던 시기에 이 편지는 씌어졌다. 이 편지는 국가의 운명이 한 장군의 어깨에 걸려 있는 위급한 시기에, 링컨이 어떻게 이 완고한 장군의 생각을 바꿀 수 있었는지를 보여주고 있다. 이 편지는 링컨이 대통령에 취임한 이래, 가장 격렬하게 쓴 편지일 것이다. 그러나 그는 이 편지에서 후커 장군의 중대한 과실을 책망하기에 앞서 그를 칭찬하고, 가능한 한 신중하고 부드럽게, 우회적으로 그를 꾸짖는다.

나는 귀관을 믿고 포트맥 전선의 지휘관으로 임명하였습니다. 그러나 귀관에게 약간의 불미스러운 점이 있어서 이렇게 글을 씁니다. 물론 세상에 완벽한 사람은 없겠지만, 나는 귀관이 용맹하고 뛰어난 군인이라고 생각합니다. 그리고 나는 그런 군인을 좋아합니다. 또 귀관은 정치와 군사를 혼동하지 않는 인물입니다. 이는 매우 올바른 태도입니다. 또한, 귀관은 항상 자신감에 넘쳐 있습니다. 이는 꼭 필요하다고는 할 수 없지만 존중할 만한 점이라고 생각합니다.

귀관에게는 야망이 있는데 이 또한 도를 넘지 않는다면 절대 필요한 것입니다. 그러나 귀관은 반사이드 장군의 지휘 아래 있을 때, 공훈을 탐낸 나머지 명령을 어기고 제멋대로 행동하는 중대한 과오를 범한 적이 있습니다. 그리고 정치 및 군사에 대해서 독재의 필요성을 역설하곤 했습니다. 내가 그것을 알면서도 귀관을 임명한 것은, 결코 귀관의 의견에 동의했기 때문이 아닙니다.

나는 독재 정권의 필요성을 인정하기 위해서는 독재 정권에 의한 성공이 보장되지 않으면 안 된다고 생각합니다. 따라서 내가 귀관에게 바라는 것은 바로 군사적으로 성공해 보라는 것입니다. 그러면 나는 온 힘을 다해 귀관을 돕겠습니다.

귀관의 언동에 영향을 받아 부대 내에서 상관을 비방하는 풍조가 생기면, 그 화살은 반드시 귀관에게 돌아올 것입니다. 나는 가능한 한 귀관과 협조하여 그런 사태를 미연에 방지하고 싶습니다. 그런 풍조가 생기면 귀관이 아닌 나폴레옹이라 할지라도 우수한 군대를 만들 수 없을 것입니다. 그러므로 경거망동을 삼가고, 최후의 승리를 얻을 수 있도록 최선을 다해 주십시오.

## 2. 바쁠수록 돌아서 가라

우리는 쿨리지도, 매킨리도, 링컨도 아니다. 다만 우리가 알고 싶어 하는 것은 이런 방법이 일상생활에서 어떻게 응용되고 있는가 하는 것이다. 이번에는 필라델피아의 워크 건설 회사를 경영하는 고우 씨의 예를 들어보자. 고우 씨는 필라델피아에서 열린 내 세미나의 일원이었다.

그의 회사는 어떤 건축 공사를 청부받아 지정된 날짜까지 그 공사를 완성하려고 작업을 서두르고 있었다. 만사가 잘 진행되고 있었는데, 준공 직전에 건물의 외부 장식을 할 청동세공 하청업자가 기일 내에 제품을 납품할 수가 없다는 연락을 해왔다. 난처한 일이 아닐 수 없었다. 업자 한 사람 때문에 공사 전체가 중단되고, 큰 손해를 볼 지경이 된 것이다. 장거리 전화를 걸어 긴박한 사정을 얘기하고 도움을 청했으나 해결책이 나오지 않았다. 하는 수 없이 고우 씨는 뉴욕으로 날아갔다. 고우 씨는 그 회사의 사장실에 들어서자마자 이렇게 말했다.

"브루클린에서는 당신과 성이 같은 사람은 하나도 없더군요."
"그렇습니까?"
놀란 표정을 짓고 있는 사장에게 고우 씨는 말했다.
"오늘 아침 이곳에 도착하자마자 당신의 주소를 찾기 위해 전화번호부를 뒤졌지요. 그런데 브루클린의 전화번호부에는 당신과 성이 같은 사람이 하나도 없었습니다."

"저는 지금까지 그런 사실을 미처 모르고 있었습니다."

이렇게 말하며 사장은 열심히 전화번호부를 살펴보았다.

"정말 그렇군요. 하긴 희귀한 성이니까요. 나의 조상은 2백여 년 전에 네덜란드에서 이곳 뉴욕으로 이민을 왔거든요."

그는 자랑스럽게 자기의 가족과 조상들의 얘기를 늘어놓았다. 그의 얘기가 끝나자, 고우 씨는 상대방의 공장 규모와 설비를 칭찬하였다.

"정말 훌륭한 공장입니다. 정돈도 잘 되어 있고 청동 공장으로서는 일류입니다."

"나는 이 사업에 내 모든 인생을 걸어왔습니다. 조금은 자만해도 좋다고 생각할 만큼요. 어떻습니까? 공장을 한 번 돌아보시지 않겠습니까?"

공장을 견학하면서 고우 씨는 입에 침이 마르도록 공장의 시설을 칭찬하였다. 그가 다른 곳에서는 보지 못한 기계를 보고 감탄을 하자, 사장은 자신이 발명한 기계라며 우쭐했다. 그리고 손수 그 기계의 작동법을 가르쳐주기까지 했다. 나중에는 점심을 함께하는 게 어떻겠느냐고 정중하게 청하기까지 했다. 독자는 이때까지 고우 씨가 찾아온 용건에 대해서는 한마디도 하지 않았다는 사실을 잊지 않고 있기를 바란다. 점심이 끝나자 사장은 다음과 같이 말하였다.

"그럼 지금부터 사업 이야기로 들어갑시다. 나는 물론 당신이 오신 목적을 충분히 알고 있습니다. 당신과 함께 이처럼 즐거운 식사를 하고 이야기를 나눌 줄은 미처 몰랐습니다. 다른 주문을 늦추더라도 당신의 주문량은 약속대로 대드리겠습니다. 안심하고 돌아가십시오."

부탁 한마디 하지 않았음에도 고우 씨는 목적을 달성했다. 그리고 바로 다음 날, 주문한 물건이 약속대로 도착 되었고, 건물은 예정된 날짜에 완공되었다. 만약 대부분의 사람들처럼 고우 씨가 강경책을 취했더라면 과연 어떤 결과가 나왔을까?

칭찬은 마술과 같아서 자기 자신도 모르는 사이에 빠져들게 된다. 칭찬으로 시작하는 것은 치과의사가 이빨을 치료할 때 마취제를 써서 마취를 시킨 상태에서 치료를 시작하는 것과 같다. 이를 뽑는 고통은 크지만, 마취제가 아픔을 잊게 해주는 것이다.

사람을 이끌어야 하는 지도자는 바로 이런 방법을 써야 한다.

# 2. 간접적인 충고로
# 스스로 깨닫게 하라

A good reputation is more valuabe than money.
훌륭한 명성은 돈보다 훨씬 값진 것이다.
Publilius Syrus(시리아 출신의 로마 작가)

## 1. 충고할 때는 돌려서 하라

어느 날 찰스 슈와프는 점심에 공장 안을 돌아보면서 서너 명의 종업원이 모여서 담배를 피우고 있는 모습을 보았다. 그런데 그들의 머리 위에는 '금연' 이라고 쓰인 게시판이 걸려 있었다. 그때 슈와프가 그 게시판을 가리키며 '당신들은 저 글을 읽을 줄 모르는가?' 라고 말했을까? 그는 결코 그렇게 말하지 않았다. 그는 종업원들 곁으로 다가가 한 사람 한 사람에게 담배를 권하며 '자, 여러분! 밖으로 나가서 피우시오' 라고 말하였다.

물론 슈와프는 그들이 금연 규칙을 알고 있음에도 공장 안에서 담배를 피운다는 것을 눈치채고 있었으나, 그것에 대해서 언급하지는 않았다. 대신 담배를 권하며 그들의 체면을 세워주었으니, 그들이 그를 잘 따르게 된 것은 너무도 당연한 얘기다.

존 워너매이커도 이와 같은 방법을 취했다. 워너매이커는 하루에 한 번씩 그의 점포를 돌아보는데, 어느 날 한 사람이 카운터 앞에서 점원을 기다리고 있는 모습을 발견하였다. 그러나 점원들은 아무도 그 부인에게 관심을 기울이지 않았다. 점원들은 한쪽 구석에 모여서 재미있게 잡담을 하고 있었다. 그는 아무 말도 하지 않고 가만히 매장 안으로 들어가서 그 손님에게 주문을 받았다. 그리고 점원에게 포장을 해주라고 말한 후 그대로 매장을 나왔다.

1887년 3월 8일 뛰어난 설교로 이름이 난 헨리 워드비처 목사가 세상을 떠났다. 그 다음 일요일 워드비처 목사의 후임자인 라이먼 아보트가 이 교회로 초청되어 설교를 하게 되었다. 그는 열심히 초고를 쓰고 세심한 주의를 기울여서 퇴고를 거듭했다. 그리고 마침내 그것이 완성되자 그는 먼저 아내에게 읽어주었다. 그러나 그것은 설교문 치고는 너무 딱딱하고 건조해서 고칠 부분이 많았다. 이때 그의 아내는 뭐라고 말했을까?

"재미가 없어요. 이래서는 누가 듣겠어요? 이런 설교를 듣는다면 사람들이 졸고 말 거예요. 백과사전을 읽고 있는 것 같잖아요. 그렇게 설교를 많이 했으면서 그런 것도 몰라요? 좀 더 인간미 있게, 자연스럽게 써봐요. 그런 식으로 설교를 했다가는 창피만 당할 거예요."

이런 식으로 말했을까? 아니다.

"이 원고는 『북미평론』 잡지에 실리면 훌륭하겠어요."

그의 아내는 이렇게 말했다. 말하자면 칭찬과 아울러 연설에는 적합하지 않다는 사실을 교묘하게 내비쳤던 것이다. 물론 그 역시 아내의 의도를 즉시 알아챌 수 있었다. 그는 고생 고생해서 완성한 초고를 찢어버리고 메모조차 없이 아주 훌륭하게 즉석 설교를 해냈다.

# 3. 자신의 실수부터
# 이야기하라

The creation of a thousand forests is in one acorn.
한 알의 씨앗은 수많은 숲을 만들어 낸다.

Ralph Waldo Emerson(미국 사상가)


### 1. 상대방의 단점보다 나의 단점부터 살펴라


나의 조카 조세핀 카네기는 오래전에 캔자스의 부모 슬하를 떠나 나의 비서로 일하기 위해 뉴욕으로 나를 찾아왔다.

그녀는 3년 전 지방의 고등학교를 마치고 온 19세의 처녀로서, 직장에서 일해 본 경험은 전혀 없었다. 지금은 훌륭한 비서로 성장했지만, 처음에는 실수투성이였다.

나는 어느 날 그녀에게 잔소리를 하려다가 그만두고 스스로를 타일렀다.

'데일, 가만 좀 기다려 봐. 너는 조세핀보다 인생 경험도 많고, 게다가 일도 훨씬 능숙하지. 그녀에게 너와 같은 능력을 기대하는 것은 애당초 무리야. 하기는 너의 능력도 그리 대단한 것은 아니지

만… 한 가지 물어보겠는데, 너는 열아홉 살 때 어땠지? 항상 실수만 저지르고 있었지 않았느냐 말이야?'

정직하고 공정하게 생각하여 보니, 그 당시의 나보다는 그녀쪽이, 야구 용어로 말하면, 타율이 높다는 결론에 도달했다.

그 이후 나는 그녀에게 잔소리를 할 때는 다음과 같이 말하기로 하였다.

"조세핀, 그게 아니야. … 그러나 그것은 내가 지금까지 해온 실수에 비하면 그렇게 대단한 게 아니란다. 처음에는 틀리는 것이 당연하지. 경험을 쌓고, 그래야만 비로소 실수도 안 하게 될거야. 예전의 나에 비하면 지금의 네가 훨씬 나은 편이지. 나도 처음엔 많은 실수를 했거든. 너의 잘못을 꾸짖고 싶은 생각은 없어. 어떨까? 이렇게 해보면…."

상대방에게 잔소리나 꾸지람을 할 경우에는 겸허한 태도로, '나 역시 결코 완전하지 않고 간혹 실수를 하지만…' 하는 식으로 전제를 한 다음, 상대방의 잘못을 충고해 주면 상대방은 그리 불쾌한 느낌을 갖지 않는다.


독일 제국 최후의 황제, 오만하고 독선적인 빌헬름 2세 밑에서 수상을 지낸 편 블로 공은 이 방법의 필요성을 뼈저리게 느꼈다. 당시의 빌헬름 황제는 방대한 육·해군을 거느리고 그 치하의 독일을 천하무적의 나라로 만들고 있었다.

그러던 어느 날, 사건이 발생하였다.

영국을 방문 중이던 황제가 폭언을 했고, 그것이 「데일리 텔레그래프지」에 게재되었던 것이다. 그러자 영국의 정계와 국민이 들고 일어났고, 독일 본국의 정치가들도 황제의 독불장군식 태도에 아연실색하고 말았다.

그는 '나는 영국에 호의를 갖고 있는 유일한 독일인이다. 나는 일본의 위협 때문에 대해군을 건설하였다. 영국이 러시아와 프랑스의 공격을 받지 않고 안전하게 지내는 것은 모두 나의 덕분이다. 보불전쟁(프로이센 · 독일전쟁) 때 영국의 러버스 경이 승리를 거둔 것도 나 때문이다…' 라고 말하였던 것이다.

문제가 확산되자 황제 자신도 당황했다. 그는 펀 블로에게 책임을 전가하려고 애썼다. 황제는 '펀 블로가 시키는 대로 말했으므로 모든 책임은 그에게 있다' 고 천명하였다.

펀 블로는 아연했다.

"폐하, 제가 폐하를 움직여서 그와 같은 엄청난 말을 하게 할 힘이 있다고 믿는 사람은 영국에는 물론 독일에도 한 사람도 없을 것입니다."

이렇게 대답한 펀 블로는 순간 자신의 말을 후회하였다. 아니나 다를까, 황제가 불같이 화내기 시작했다.

"그대는 나를 바보로 아는가! 자네라면 절대로 하지 않는 실수를 했다는 말인가?"

평소 따지기에 앞서 칭찬하지 않으면 안 된다고 생각해 오던 펀 블로는 후회 막급이었다. 그러나 일은 이미 벌어지고 난 뒤였다. 그는 차선의 방책을 강구해야 했다.

펀 블로는 재빨리 말을 바꿔 황제를 칭찬하기 시작했다. 그런데 그것이 바로 기적을 낳았다.

그는 공손한 목소리로 다음과 같이 말하였다.

"저는 결코 그런 뜻으로 말씀드린 것이 아닙니다. 현명하신 폐하와 저 같은 사람은 비교할 수도 없지요. 폐하께서는 육·해군의 일을 많이 아시고, 자연 과학에 대한 조예도 대단히 깊으신 것으로 압니다. 폐하께서 저에게 청우계(晴雨計, 기압계)나 무선전신, X선 등에 대해 설명해 주실 때마다 저는 그저 탄복할 뿐이었습니다. 저는 그 방면에 대해 부끄러울 만큼 아무것도 모릅니다. 단순한 자연 현상조차 설명할 수 없을 정도지요. 역사, 정치, 특히 외교에 도움이 되는 지식만을 조금 가지고 있을 뿐입니다."

그제야 황제의 표정은 누그러졌다. 말할 것도 없이 그것은 펀 블로가 칭찬을 했기 때문이었다. 펀 블로는 황제를 추켜세우고 자기를 깎아내린 것이다. 이럴 경우, 황제가 어떠한 잘못이라도 용서해 준다는 것을 펀 블로는 잘 알고 있었던 것이다.

이윽고 황제가 말했다.

"내가 늘 말하듯이 서로의 협력이 필요하네. 잘 해보자구."

황제의 분노는 완전히 풀렸다. 그는 펀 블로의 손을 몇 번이나 굳게 쥐고는 '펀 블로를 욕하는 사람은 용서하지 않겠다'라고까지 말하였다.

펀 블로는 위험한 고비에서 살아났다. 그처럼 빈틈없는 외교관도 실수를 한 셈이다. 무엇보다 그는 자기의 단점을 먼저 말하고, 황제의 단점을 말하는 것으로 사태를 풀어나갔어야 했다. 그러나 그는 아차 하는 순간에 황제를 바보로 취급했던 것이다.

이처럼 겸손과 칭찬은 우리들의 일상생활에 있어 사람을 만나는 데 커다란 효과를 발휘할 수 있다. 이것을 올바르게 활용하면 인간관계에서 기적을 낳을 수도 있다. 그러므로 사람을 교정하려면, 자신의 잘못을 인정한 다음 상대방에게 주의를 주도록 하라.

# 4. 자발적인 참여와
# 협조를 부탁하라

### 1. 스스로 협조하게 하라

나는 언젠가 유명한 전기작가 아이다 터벨 여사와 함께 식사한 적
이 있다. 그래서 화제는 자연스럽게 인간관계의 여러 문제에 관한
것으로 모아졌다.

그녀는 오웬 영의 전기를 쓰고 있을 때, 오웬 영과 3년 동안 같은
사무실에서 일했다는 사람을 만나 그에 관한 온갖 이야기를 들었는
데, 그의 말에 의하면 영은 누구에게도 결코 명령적인 어투로 말하
지 않았다고 한다. 명령이 아닌 암시를 주었다는 것이었다.

그는 결코 '이것을 해라', '그래서는 안 된다' 라는 식으로 말하지
않고, '이렇게 하면 어떨까?' 라는 식으로 상대방의 의견을 구했다
고 한다.

편지를 구술시키고 난 후에는 반드시 '어떻게 생각하세요?' 라고 비서에게 물어보았다. 그리고 그의 비서가 받아쓴 편지를 읽어 보고는 '여기는 이렇게 고쳤으면 좋겠는데…' 라고 말하였다.

다시 말해 그는 상대방으로 하여금 자발적으로 일하게 만들었던 것이다. 그는 결코, 명령을 하지 않았고, 실패를 교훈으로 삼는 겸허한 태도를 취했다.

이런 방법을 취하며 상대방은 스스로 잘못을 깨닫고, 그것을 고치게 된다. 또 상대방의 자존심을 상하게 하지 않고, 상대방으로 하여금 중요성을 얻게 하여 반감 대신 협력할 마음을 일으키게 한다. 그러므로 사람의 잘못을 고치려면, 명령하지 말고 상대방의 의견을 구하라.

# 5. 상대방의 명예와 자존심을 높여 주어라

### 1. 상대방의 체면을 살려 주어라

언젠가 제너럴 일렉트릭사는 찰스 스타인메츠 부장의 인사 문제로 고민을 한 적이 있었다.

스타인메츠는 전기에 관해서는 최고의 기술자였으나 기획부장으로서는 적임자가 되지 못했다. 그러나 회사로서는 그의 감정을 상하게 하고 싶지 않았다. 그는 유명한 반면, 대단히 신경질적인 사람이었기 때문이었다.

그래서 회사에서는 새로운 자리를 하나 만들어서 그를 그 자리에 임명하였다. '제너럴 일렉트릭 고문기사' 라는 것이 그의 직함이었다. 하지만 그가 할 일은 특별한 것이 없었다. 물론 기획부장직에는 다른 사람이 발령을 받았다.

스타인메츠도 기뻐했다. 중역들도 물론 기뻐했다. 체면을 세워줌으로써 그처럼 다루기 어려운 사람을 무마시킬 수 있었던 것이다.

상대방의 체면을 세워준다는 것은 매우 중요한 일이다. 그럼에도 불구하고 그것의 중요성을 이해하고 있는 사람은 과연 얼마나 될까?

많은 사람들이 자기의 주장을 관철시키기 위해 남의 감정 따위는 아무렇지도 않다는 듯 짓밟아버리는 경향이 있다. 그들은 상대방의 자존심을 지켜줄 생각은 전혀 하지 않는다. 다른 사람들이 보는 앞에서 부하 직원이나 아이들을 윽박지른다. 좀 더 신중하게 행동하고, 진심 어린 말을 건네어 상대방의 마음을 배려해 주면 될 것을…

종업원들을 해고 시켜야만 할 경우에는 특히 이 점을 명심해야 한다.

다음은 공인회계사인 마샬 A. 그렌저로부터 온 편지의 일부분이다.

함께 일해 온 종업원을 해고시키는 것은, 그것이 어떤 경우라 해도 유쾌한 일이 아니다. 내 심정이 이러할진대, 해고당하는 사람의 마음이야 오죽하겠는가?

공인회계사의 일이란, 계절에 따라 성수기와 비수기가 뚜렷한 직업이다. 그래서 해마다 3월이 되면 많은 직원들을 해고시킬 수 밖에 없는 상황에 직면하게 되곤 한다.

나는 이런 불유쾌한 일을 가능하면 간단하게 처리하려고 노력하고 있다. 그런데 대부분의 동료 공인회계사들은 일반적으로 다음과 같은 식으로 일을 처리하곤 한다.

"스미스 씨, 좀 앉으시죠. 아시다시피 3월이 되었군요. 워낙 비수기라 이제 당신이 할 일도 별로 없을 겁니다."

이렇게 하면 말할 것도 없이 해고 당사자는 큰 타격을 받는다. 아마 한방 얻어맞은 기분이 들 것이다. 이런 식으로 해고당한 사람들이 자신이 다니던 회사에 대해 조금의 애정이라도 갖길 바란다는 것은 거의 불가능하다.

그래서 나는 임시로 채용한 사람들을 해고시킬 경우에는 좀 더 신중한 방법을 취하기로 했다. 나는 각자의 업무 실적을 조사한 뒤, 그들을 불러 이렇게 말했다.

"존 씨, 당신의 일하는 솜씨는 정말 훌륭합니다. 얼마 전, 뉴욕으로 출장갔을 때는 고생 많이 하셨죠? 당신이 일을 잘 처리해 주셔서 회사에 큰 도움이 되었습니다. 당신에게는 그만한 실력이 있으니까… 다른 어느 곳에서 근무하신다 해도 인정받으실 수 있을 겁니다. 나는 당신을 믿고 있습니다. 또 내 힘이 닿는 한 도움을 주고 싶습니다. 이런 내 마음을 잊지 말아 주십시오."

그 결과 존은 밝은 표정으로 나와 악수를 나누고 회사를 떠나갔다. 그는 자신이 해고 당했다는 느낌 대신, 자신의 중요성을 인정받았다는 사실에 마음이 한결 가벼웠을 것이다. 그리고 다시 회사가 바빠지면, 내가 자신을 재고용할 거라는 믿음을 갖게 되었다. 실제로 나는 사람이 필요할 경우, 가장 먼저 그들을 염두에 둘 것이다.

# 6. 사소한 일이라도 구체적이고
# 진심으로 칭찬하라

> Never, never, never, never give up.
> 절대, 절대, 절대, 포기하지 마라.
> Winston Churchill(영국의 정치가)

### 1. 칭찬도 구체적으로 하라

내가 오래전부터 친하게 지내온 피트 바로라는 서커스단 단장이 있었다. 그는 개나 조랑말 등을 데리고 각 지방을 순회하며 서커스를 공연하곤 했는데, 나는 그가 개에게 재주를 가르치는 게 여간 재미있어 보이지 않았다. 그는 개가 자기의 지시대로 움직일 때마다 머리를 쓰다듬어주거나 먹이를 주며 칭찬을 해주는 것이었다.

물론 이런 방법은 결코 새로운 것은 아니다. 이는 옛날부터 동물을 훈련시키는 조련사들이 쓰는 방법이었던 것이다.

사람이든 동물이든 칭찬을 해주면 좋아하는 법이다. 그리고 그것은 어떤 경우에도 큰 효과를 가져온다.

그러나 그럼에도 불구하고 대개의 사람들은 칭찬을 하기보다는 비난하기를 즐긴다.

싱싱 교도소의 소장 루이스 로즈는 아무리 교도하기 힘든 상습범일지라도, 그가 조금의 향상이라도 보이면 칭찬을 아끼지 않았다. 물론 그것은 뜻밖의 효과를 나타내곤 했다.

나는 이 글을 집필하던 중 그로부터 편지 한 통을 받았는데, 거기에는 다음과 같은 구절이 적혀 있었다.

사소한 것일지라도 죄수들의 노력에 대해 그에 맞는 칭찬을 해주면, 그들은 마음을 바꾸려는 자세를 보인다. 이는 그들의 비행을 엄중하게 문책하는 것보다 훨씬 효과적이다.

물론 나는 싱싱 교도소에 수감된 적은 없다. 그러나 지금까지 살아온 길을 가만히 되돌아보면, 칭찬을 들은 것으로 인해 내 인생의 커다란 전환점이 마련되었다는 기억이 있다. 아마 누구에게나 그런 경험이 한 번쯤 있었을 것이다. 그런 예는 역사적으로도 얼마든지 있다.

지금으로부터 약 50년 전, 열 살쯤 되어 보이는 한 소년이 나폴리의 어느 작은 공장에서 일을 하고 있었다.

소년은 성악가가 되고 싶었다. 그러나 그의 선생님은 늘 '성악가라니! 너에게는 어울리지 않아! 너는 덧문이 바람에 끽끽거리며 흔들리는 것 같은 목소리를 갖고 있어!' 라고 말함으로써 그를 실망시

컸다.

그러나 가난한 농부였던 그의 어머니는 기가 죽은 아들을 껴안고 부드럽게 쓰다듬으며 이렇게 격려해 주곤 했다.

"너는 반드시 훌륭한 성악가가 될 거야. 엄마는 그걸 잘 알고 있단다. 실제로 너의 노래 실력은 날마다 향상되고 있잖니?"

그녀는 어려운 경제 형편에도 불구하고 헌신적으로 일하며 아들로 하여금 음악 공부를 계속하게 했다. 이 어머니의 끊임없는 칭찬과 격려가 소년의 일생을 바꾸어놓았다.

여러분들 중에는 이 소년이 누구인지 알고 있는 분들이 많을 것이다. 그 소년은 바로 다름 아닌, 세계적인 가수로 명성을 얻은 카루소였다.


### 2. 끝없는 도전은 희망의 불씨이다

다음은 꽤 오래된 이야기이다.

런던에 작가를 지망하는 젊은이 하나가 살고 있었다.

그러나 그에게는 작가가 되기에 유리한 조건은 하나도 없었다. 정규 학교라곤 4년밖에 다니지 않았으며, 아버지는 채무 관계로 소송에 휘말려 교도소에 들어가 있었다.

너무 가난해 끼니조차 거를 정도였다. 그러던 중 가까스로 그에게 일자리가 생겼다. 쥐의 소굴 같은 창고 안에서 구두약 통에 상표를 붙이는 일이었다. 밤에는 으스스한 다락방에서 두 소년과 함께 잠을 잤다.

그 소년들은 빈민굴의 부랑아들이었다. 그는 그들의 비웃음이 두려워, 그들이 잠든 밤중에 가만히 침대를 빠져나와 글을 썼다. 그는 이렇게 해서 쓴 처녀작을 잡지사에 우송하곤 했는데, 불행하게도 그의 원고는 항상 반송되곤 했다. 그러나 그는 좌절하지 않고 계속해서 글을 썼다.

마침내 그에게 기념할 만한 날이 찾아왔다. 그의 작품이 어느 잡지사에 채택된 것이었다. 작품에 대한 원고료는 한 푼도 받을 수가 없었으나, 그는 편집자로부터 칭찬을 받았다. 말하자면 인정을 받은 셈이었다.

그는 감격한 나머지 눈물을 흘리며 거리를 헤맸다. 자기의 작품이 활자화되어 세상에 나왔다는 것이 다른 무엇보다 그를 기쁘게 했다. 이 일은 그의 생애에 커다란 전환점을 이루는 계기가 되었다. 만약 이런 일이 없었다면, 그는 한평생을 창고 안에서 지냈을지도 모를 일이었다.

이 소년이 바로 그 유명한 영국의 작가 찰스 디킨스였다.


또 한 가지 예를 들어보자.

지금으로부터 50~60년 전, 런던에 있는 어떤 직물 상점에서 아침 다섯 시부터 청소와 심부름을 하며 하루 열네 시간을 혹사당하며 일을 한 소년이 있었다. 그는 이런 중노동을 감수하며 무려 2년 동안 똑같은 일을 했다.

그러던 어느 날, 그런 노예 생활을 도저히 참을 수 없게 된 그는 아침식사도 거른 채 상점을 빠져나와 15마일을 걸어 가정부로 일하고 있는 어머니에게로 달려갔다.

그는 미친 듯이 울면서 지금의 상점에서 계속 일하느니 차라리 죽어버리는 게 낫겠다고 어머니에게 호소하였다. 그런 후 모교의 교장 선생님 앞으로 자신이 처한 상황을 알리는 장문의 편지를 보냈다.

편지를 보낸 지 얼마 지나지 않아 교장 선생님으로부터 회답이 왔다. 거기에는 다음과 같은 구절이 씌어 있었다.

그런 상점은 명석한 두뇌를 가진 자네가 일할 곳이 아니라고 생각하네. 자네는 좀 더 지적인 일을 해야 하네. 내가 자네에게 우리 학교의 교사 자리를 하나 마련해 줌세.

교장 선생님의 이 편지는 소년의 장래를 일변시켰다.

그는 나중에 영국은 물론 세계 문학에 불멸의 업적을 남긴 유명한 인물이 되었다. 그가 바로 77권의 책을 펴내고 1백만 달러 이상의 부를 일궈낸 H. G. 웰스였다.

# 7. 절대적인 신뢰와
# 기대감을 나타내라

## 1. 신뢰하고 있다고 표현하라

내가 잘 아는 사람 중에 어네스트 젠트 씨의 부인이 있었다. 뉴욕의 스커스델에 살고 있는 그 부인은 넬리라는 아가씨를 가정부로 고용하기로 마음먹고는, 그 아가씨에게 그다음 주 월요일부터 일해달라고 말하였다.

그런 다음, 넬리가 예전에 일했던 곳으로 전화를 걸어 그녀에 대해 물어보았다. 그 결과 넬리에게 다소의 결점이 있다는 사실을 알아냈다.

이윽고 월요일이 되자, 넬리가 집으로 찾아왔다.

그때 부인은 그녀에게 드암과 같이 말하였다.

"넬리, 어서 와요. 얼마 전, 당신이 먼젓번에 일했던 집주인에게 전화를 걸어 물어보았더니, 그 집 여주인이 당신 칭찬을 많이 하더군요. 당신은 매우 정직하고 신용할 수 있으며, 요리 솜씨도 좋고, 또한 아이들 뒷바라지도 친절하게 잘 한다구요… 그런데 한 가지… 청소하는 데 조금 부족한 점이 있다고 하더군요. 그러나 거짓말이겠죠? 나는 믿어지지가 않아요. 당신의 옷차림을 보니… 당신의 옷이 얼마나 깨끗하고 정결한지 모르겠어요. 나는 당신이 당신의 몸가짐처럼 집 안 청소도 깨끗하게 해주리라고 믿어요."

그 후, 두 사람은 서로 마음을 맞춰 편안하게 지낼 수 있었다. 넬리는 부인이 자기에게 기대를 걸고 있다는 사실을 알고 있었다. 그래서 부인의 기대에 어긋나지 않도록 열심히 일했다. 물론 집안은 언제나 깨끗하게 청소되어 있었다.

그녀는 또한 부인의 기대에 어긋나지 않기 위해 시간 외 근무도 마다하지 않았다.


볼드윈 기선회사의 새뮤얼 버클렌 사장은 이렇게 말했다.

"상대방의 좋은 점을 찾아내 경의를 표하고 칭찬을 하면, 대부분의 사람들은 이쪽이 생각하는 대로 따라오게 마련이다."

요컨대 상대방의 약점을 고쳐주고 싶다면, 그 점에 대해서 그가 다른 사람보다 훨씬 뛰어나다고 말해 주는 것이 효과적이라는 뜻이다.

"덕이 없어도 있는 듯 행동하라."

이는 셰익스피어의 말이다.

상대방이 자기의 장점을 마음껏 발휘할 수 있게 하고 싶으면, 그의 장점을 칭찬해 주어라. 그러면 그는 당신의 기대를 배신하지 않도록 노력할 것이다.

헨리 클레이 리스너는 프랑스에 체류 중인 미군 병사들의 품행을 바로잡기 위하여 이 방법을 사용하였다.

그는 명장으로 유명한 제임스 G. 하버트 대장이 '프랑스에 체류 중인 2백만 명의 미국 병사들이야말로 가장 청렴결백하고 이상적인 군인'이라고 말하는 것을 들은 적이 있었다.

물론 좀 과장된 칭찬이긴 하지만, 리스너는 이 말을 적절하게 이용하였다.

그는 이렇게 말하고 있다.

"나는 하버트 대장의 이 말을 모든 병사들에게 철저하게 주입시켰다. 그의 말이 사실인지 아닌지는 그다지 중요하지 않다. 그의 말이 전적으로 틀렸다 할지라도 장군이 병사들에 대해 이런 생각을 가지고 있다는 것 하나만으로도, 병사들은 감격하여 장군의 기대에 어긋나지 않도록 노력할 것이었기 때문이다."

'개를 죽이려거든 먼저 미친개라고 외쳐라' 라는 속담이 있다.

이 말은 한 번 나쁜 소문이 돌면 좀처럼 그 소문을 원래대로 회복시키기가 어렵다는 뜻이다.

반대로 호평이 나게 되면 어떻게 될까?

부자든 가난뱅이든, 걸인이든 도둑이든, 그 외의 어떤 인간이든 좋은 평판이 나게 되면, 그 평판에 어긋나지 않도록 노력하는 게 대부분의 사람들이 가지고 있는 기본 마음가짐이다.

악인을 만나더라도, 그를 존경할 만한 신사로 생각하고 신사로 대하라. 그것이 그런 사람을 다루는 데 가장 효과적인 방법이다.

신사 대접을 받게 되면, 그는 신사로서 부끄럽지 않도록 최선의 노력을 아끼지 않을 것이다.

그리고 다른 사람으로부터 신뢰받고 있다는 사실을 큰 자랑으로 여길 것이다.

# 8. 칭찬과 격려를
# 아끼지 마라

## 1. 성공할 수 있도록 격려하라

친구 중에 40대의 독신 남자가 있었다. 그런 그가 최근에 약혼을 했는데, 약혼녀가 그에게 댄스를 배우라고 권했다.

다음은 그 친구의 말이다.

댄스를 배운 지 20년이 지난 터라, 그녀의 권유대로 다시 한 번 배워보기로 했지. 그래서 댄스 교사를 찾아갔는데, 그가 하는 말이 나의 춤 실력이 형편없다는 거야. 그러곤 처음부터 다시 배워야 한다고 했지.

나는 거의 끌려가다시피 그의 교습을 받았네. 그런데 며칠 뒤, 갑자기 싫증이 나서 그만 때려치우고 말았어.

그 다음 댄스 교사는 내게 조금 거짓말을 했네. 그러나 나는 왠지 그의 태도가 마음에 들었어.

그는 나의 댄스 솜씨가 조금 뒤떨어져 있기는 하지만, 기본이 확실하기 때문에 새로운 스텝을 쉽게 익힐 수 있을 거라고 말해 주었네. 그러곤 리듬도 잘 소화할 줄 알고, 소질도 충분히 있다고 칭찬해 주었지. 말하자면 처음의 교사는 나의 결점을 강조함으로써 나를 실망시킨 데 반해, 이 교사는 장점만을 말하고 결점에 대해서는 별로 말하지 않음으로써 나를 고무시켰던 거라네.

이런 얘기를 들은 나는 내 춤 솜씨가 서툰 것을 알면서도, 그렇지 않은 듯한 착각을 하게 되었네. 수강료를 지불하고 배우면서 칭찬을 듣는 것쯤은 예삿일이었겠지만, 그런 것을 떠나 기분이 한결 좋아지는 것은 나로서도 어쩔 수 없는 일이었지.

어쨌든 교사의 칭찬을 받은 덕분에 내 댄스 실력은 날이 갈수록 능숙해졌지. 말하자면 이 모든 게 교사의 격려에 용기를 얻어 생겨난 향상심 때문이었네.


아이들이나 남편, 부하 직원들에게 바보라느니, 무능하다느니, 재능이 없다느니 하고 꾸짖는 것은 향상심의 싹을 잘라버리는 것이나 다름이 없다.

반면 그들의 장점을 칭찬해 주면, 무슨 일이든 할 수 있다는 의욕이 생긴다. 그리고 자신들의 능력을 부모나 아내, 또는 상사들이 알아주고 있다는 뿌듯한 생각이 든다. 그러면 자기의 능력을 보여주기 위해서라도 뭐든 열심히 하게 되는 것이다.

로엘 토머스는 이런 방법을 매우 훌륭하게 쓰고 있는 사람 중의 한 분이다. 그는 상대방에게 분발심을 자극하고 자신감을 부여할 뿐만 아니라, 용기와 신념을 심어주는 데 있어 솜씨가 매우 뛰어난 사람이다.

한 번은 이런 일이 있었다.


## 2. 자신감과 용기는 능력을 극대화시킨다


얼마 전, 나는 토머스 부부와 주말을 함께 보낸 적이 있었다.

저녁밥을 먹고 이런저런 이야기 끝에 브리지를 하자는 권유를 받았다. 그러나 나는 그때까지만 해도 브리지에 대해서 아는 게 전혀 없었다.

내가 사양하자 토머스 씨가 이렇게 말했다.

"데일, 이리 와서 한 번 해보게. 별로 어렵지 않아. 특별한 비결이라곤 하나도 없다네. 단지 기억력과 판단력만 있으면 되지. 아, 그래! 자네는 기억력에 대한 책도 쓴 적이 있잖나? 브리지는 자네한테 꼭 알맞은 게임이야. 자, 이리 와 앉게."

그래서 토머스 씨의 말에 자신감을 얻은 나는 태어나서 처음으로 브리지 테이블에 마주앉게 되었다. 그리곤 아무런 어려움 없이 손쉽게 브리지를 배울 수 있었다.

'브리지' 하면 엘리 칼바트슨이 생각난다.

아마 브리지를 할 줄 아는 사람이라면 누구나 그의 이름을 알고 있을 것이다. 그가 쓴 브리지에 관한 책은 여러 나라 언어로 번역되어 1백만 부 이상이나 팔렸다고 한다.

그런 그도 어떤 젊은 여성으로부터, '당신에게는 브리지에 관한 한 굉장한 소질이 있다' 라는 말을 듣지 않았다면 브리지의 대가가 되지는 못했을 것이다.

1922년 미국 땅을 처음 밟은 칼바트슨은, 처음에는 철학과 사회학 교사가 될 꿈을 가지고 있었으나, 당시의 그는 적당한 일자리를 찾을 수가 없었다. 그는 고육지책으로 석탄을 판매하는 일을 해보았으나 보기 좋게 실패하고 말았다. 그래서 다시 커피 판매업을 하였으나 그것도 역시 잘되지 않았다.

그 당시의 그에게는 브리지 교사가 되겠다는 생각은 전혀 없었다. 그는 브리지는 물론 다른 트럼프 놀이에도 서툴기 이를 데 없었다.

그는 게임을 하는 도중에도 옆의 사람에게 이것저것 물어보기 일쑤였다. 그리고 게임이 끝났을 때는, 게임의 과정을 까다롭게 다지곤 했다. 친구들이 그와 함께 트럼프 놀이하는 걸 싫어한 것은 어쩌면 당연한 일이었다.

그러던 중, 그는 조세핀 딜런이라는 미모의 브리지 교사와 사귀게 되었고, 그것이 인연이 되어 그녀와 결혼하기에 이르렀다.

그녀는 그가 트럼프 놀이를 할 때마다 카드를 면밀하게 분석하고, 곰곰이 생각하는 모습을 보고는 이렇게 칭찬하는 것을 잊지 않았다.

"당신은 선천적으로 카드에 소질이 있어요. 그걸 키워보도록 해요. 내 눈은 정확하다구요."

칼바트슨은 브리지의 권위자로 만든 것은 다름아닌 아내의 격려였던 것이다.

# 9. 기쁘게
# 협력하게 하라

## 1. 기분 좋게 협력하게 하라

1915년, 미국은 매우 난처한 입장에 놓이게 되었다. 유럽이 제 1차 세계대전의 포화에 휩싸이기 시작한 지 벌써 1년이 되어가는 시점이었다.

과연 세계 평화를 회복할 수 있을지 아무도 예측할 수 없는 가운데 윌슨 대통령이 단안을 내렸다. 전쟁 당사국의 지도자들과 협상을 하기 위해 평화사절단을 파견하기로 결정하였다.

평화주의자인 국무장관 윌리엄 제닝스 브라이언이 이 중차대한 역할을 스스로 떠맡기를 원했다. 세계의 평화에 기여하고, 자기의 이름을 후세에 남길 수 있는 절호의 기회라고 생각한 때문이었다.

그러나 윌슨은 브라이언의 절친한 친구인 하우드 대령을 그 자리에 임명하였다. 갑자기 중대한 임무를 맡게 된 하우드 대령은 마음 속으로 고민했다. 절친한 친구인 브라이언에게 이 일을 어떤식으로 알려주어야 할까? 그는 브라이언의 감정을 상하지 않게 하면서 그 사실을 전해 주고 싶었다.

당시의 상황을 하우드 대령은 그의 일기에서 다음과 같이 적고 있다.

나로부터 그 이야기를 전해들은 브라이언은 실망한 표정을 감추지 않았다. 그는 조금 전까지만 해도 자기가 임명될 줄 알았다며, 지금도 그런 마음에는 변함이 없다고 말하였다.

그래서 나는 이렇게 말해 주었다.

'대통령께서는 디번 평화사절단 파견을 공식적으로 세상에 알리는 게 좋지 않다는 견해를 가지고 있다네. 하지만 아무래도 자네 같은 거물은 세상의 이목을 끌 것 아닌가? 자네가 가면 오히려 상황이 나빠질 수도 있다는 뜻이네'

독자들은 이 말이 무엇을 암시하는 것인지 알고 있을 것이다.

하우드 대령은 상대방으로 하여금 기쁘게 협력하도록 하는 요령, 즉 인간관계의 매우 중요한 법칙을 알고 있었던 것이다.

하우드의 말을 들은 브라이언은 자신이 너무 거물이기에 이 임무가 알맞지 않다는 것에 만족한 것은 두말할 나위가 없는 일이었다.


윌슨 대통령 또한 윌리엄 집스 맥아두를 각료로 앉힐 때 하우드 대령과 같은 방법을 썼다.

행정부의 각료로 발탁된다는 것은 누구에게나 명예로운 일이 아닐 수 없을 것이다. 윌슨은 그것을 충분히 이용해 각료를 임명했다. 즉, 각료라는 직책을 부여함에 있어서 당사자의 중요성을 배가시키는 방법을 썼던 것이다.

당시의 상황을 맥아두 자신의 말을 빌어 들어보자.

"윌슨 대통령이 나에게 재무장관을 맡아주면 더없이 기쁘겠다고 말했을 때, 나는 이 명예로운 지위를 맡는 것만으로도 누군가에게 은혜를 베푸는 것이라는 느낌이 들었다."

그러나 불행하게도 윌슨 대통령이 언제나 이런 방법을 사용했던 것은 아니었다. 만약 그가 매사를 처리하는 데 있어 이 방법을 고수했다면, 아마 미국 역사는 크게 달라졌을지도 모른다.

예를 들면, 윌슨은 국제연맹 가입 문제를 놓고 상원과 공화당을 완전히 무시했다. 그는 공화당의 거물급 인사들과 평화회담에 참석하는 것을 거부하는 대신, 이름도 없는 자기 당의 인사들을 대동함으로써 공화당의 거센 반발을 불러일으켰다. 이로 인해 그는 자신의 정치 생명을 잃고 말았다. 뿐만 아니라 미국의 국제연맹 가입이 좌절됨으로써 세계의 역사를 뒤바꿔 놓았던 것이다.

더블데이 페지라는 유명한 출판사가 있는데, 이 출판사는 항상 이 법칙을 준수하고 있다.

세계적 단편작가인 미국의 O.헨리에 의하면, 다른 출판사가 자기 작품의 출판을 허락하는 것보다 이 회사에서 거절을 당하는 게 오히려 기분이 좋다고 한다. 그 까닭은 그들이 너무나 친절하고 상냥하게 거절하기 때문이라고 한다.

내 친구 중에 잘 아는 사람으로부터 강연을 의뢰받았을 때, 상대방의 마음을 상하게 하지 않고 거절하는 것으로 유명한 사람이 있다.

그는 절대로 자신이 바쁘다는 식의 핑계를 대지 않는다. 자신의 사정을 일일이 늘어놓지 않고 우선 자신을 초청해 준 데 대해 진심으로 감사하다고 말한다. 그런 다음 유감스럽지만 아무래도 시간을 낼 수가 없다고 말하고, 그 대신에 적당한 다른 강사를 추천해 준다. 이를테면 상대에게 실망할 여유를 주지 않고, 다른 강사를 고려하도록 만들어버리는 것이다.

"내 친구 중에 「브루클린 이글 지」의 편집장인 클리블랜드 로저스라는 사람이 있는데, 그에게 부탁을 하면 어떻겠습니까? 아니면 히코크도 괜찮구요. 그는 유럽 특파원으로 파리에 15년 동안이나 체류한 경험이 있죠. 뿐만 아니라 놀랄 만큼 박식한 친구랍니다. 아니면 인도에서 맹수 사냥을 한 적이 있는 리빙스턴 에펠로는 어떻겠습니까?"

## 2. 인간은 장난감의 지배를 받는다

뉴욕 최고의 인쇄회사를 경영하고 있는 J.A.원트는, 어느 날 늘 불평을 해대는 한 기계공의 버릇을 고쳐주겠다고 마음먹었다. 그리고 상대방의 감정이 상하지 않도록 하면서 충고할 수 있는 방법을 연구했다.

그 기계공은 인쇄기를 수리하고 점검하는 일을 담당하고 있었는데, 밤낮으로 일에 쫓기다 보니 불평을 할 만도 했다. 그는 노동시간이 너무 길고, 일이 너무 많아 조수가 필요하다고 항상 불평을 늘어놓곤 했다.

그러나 윈트는 조수도 쓰지 않고, 노동 시간도 단축하지 않으면서 그의 불만을 훌륭하게 해결해 주었다.

그는 먼저 그 기계공에게 방 하나를 제공했다. 그리고 그의 방문에 그의 이름과 함께 직함도 적어놓도록 했다. 수리계장이 그의 직함이었는데, 말하자면 그는 평사원이 아닌 수리계장으로 승진이 된 것이나 마찬가지였던 것이다.

그에게 수리계장이라는 권위가 주어짐으로써, 그는 남으로부터 인정을 받게 되었다는 자기의 중요감을 충족시킬 수가 있었던 것이다. 그 결과 그는 지금까지의 불평 불만을 모두 벗어던지고 열심히 일하게 되었다.

여러분 중에는 이런 방법은 사탕발림의 속임수에 불과하다고 생각하는 사람이 있을지도 모른다. 그러나 이런 방법이 상당한 효과를 얻을 수 있다는 사실을 무시해서는 안 된다.

나폴레옹 1세도 이와 똑같은 방법을 사용한 적이 있었다.

그는 자기가 제정한 레종 드뇌르 훈장을 무려 15,000개나 수여했을 뿐만 아니라, 열여덟 명의 대장에게 대원수의 칭호를 주었으며,

자기의 군대를 늘 대육군이라고 부르곤 했다.

역전의 용사들을 훈장 따위의 장난감으로 속이고 있다고 비난을 하면 나폴레옹 1세는 다음과 같이 대답했다.

"인간은 장난감의 지배를 받는다."

이와 같은 나폴레옹의 방법, 즉 감투나 권위를 부여함으로써 문제를 해결하는 방법은 우리들도 쉽게 이용할 수가 있다.

그 한 예로써, 젠트 부인의 경우를 들어보자.

부인의 이웃 동네의 악동들 때문에 골치를 앓은 적이 있었다.

아이들이 걸핏하면 정원에 들어와 잔디를 짓밟아 놓곤 했기 때문이었다.

아무리 어르고 달래보아도 전혀 효과가 없었다. 그래서 그는 악동들의 대장에게 '탐정'이라는 감투를 주기로 했다. 다시 말해 그 소년에게 권위를 부여하고, 그로 하여금 잔디를 못 쓰게 만드는 불법 침입자들을 단속하는 임무를 맡긴 것이다.

이 방법은 물론 적중했다.

그녀가 임명한 '탐정'은 정원에 뛰어드는 불법 침입자들을 훌륭하게 퇴치했던 것이다.

## □ 상대방을 바로 잡는 9가지 방법

1. 칭찬부터 하고 결점은 나중에 지적하라.

2. 간접적인 충고로 스스로 깨닫게 하라.

3. 자신의 실수부터 이야기하라.

4. 자발적인 참여와 협조를 부탁하라.

5. 상대방의 명예와 자존심을 높여 주어라.

6. 사소한 일이라도 구체적이고 진심으로 칭찬하라.

7. 절대적인 신뢰와 기대감을 나타내라.

8. 칭찬과 격려는 아끼지 마라.

9. 기쁘게 협력하게 하라.

## □ 지도자가 갖추어야 할 마음가짐

**훌륭한 지도자는 사람의 행동이나 태도를 바꿀 필요를 느낄 때 다음과 같은 지도 지침을 항상 마음속에 간직하고 있어야 한다.**

1. 성실해야 한다. 당신이 납품할 수 없는 것을 약속하지 마라. 자신을 위한 이익은 잊어버리고, 다른 사람에 대한 이익에 대해 집중하라.
2. 당신은 다른 사람이 무엇을 하기를 원하는지 정확하게 알고 있어야 한다.
3. 동정심을 가져라. 다른 사람이 진심으로 무엇을 원하고 있는지를 자신에게 물어보라.
4. 당신이 제안함으로써 그 사람에게 어떤 이익이 돌아갈지를 생각하라.
5. 그리고 이러한 이익이 상대방의 소망과 일치시키도록 하라.
6. 부탁할 때는 그 일을 함으로써 그 사람에게 이익이 돌아간다는 사실을 암시하라.

옮긴이 **이형복**

충남 부여에서 태어나 성동고, 한양대를 졸업하고
육군학사 9기로 임관하였다. 한국투자신탁과 미래에셋
증권에서 근무 중이며, '역사는 기록이며 기록은 기억을
지배한다.'라는 사실을 신뢰한다. 특히 인간관계와 자기
계발에 관한 책과 성공적인 삶을 이루려는 사람들을 위
한 지침서 등을 기획하고 있다.

적을 친구로 만들어라

2003년 12월 20일 1판 1쇄 발행
2015년 11월 10일 1판 13쇄 발행

2022년 11월 25일 개정 1판 2쇄 펴냄

지은이 | 데일 카네기
옮긴이 | 이형복
기   획 | 김민호
발행인 | 김정재

펴낸곳 | 뜻이있는사람들
등록 | 제 2014-000219호
주소 | 경기도 고양시 덕양구 지도로 92번길 55. 다동 201호
전화 | (031) 914-6147
팩스 | (031) 914-6148
이메일 | naraeyearim@naver.com

ⓒPrinted in Korea

ISBN 978-89-90629-61-10  03320